Reiner Preuß

WATTLÄUFER

Eisenbahnen auf Insel & Hallig

transpress

Einbandgestaltung: Luis dos Santos/Sven Rauert
Titelbild, oben: Schönes Wetter hat die Ausflügler 1980 nach Juist gelockt, denn am 22. Mai fuhr die Inselbahn bereits einen »Langzug«, in dem der T 1 die Spitze und der T 4 das Schlusslicht bildete. Foto: O. Blaschke
Unten: Auf dem Spiekerooger Anleger stellte das Zugpersonal am 21. Mai 1980 die Weichen noch von Hand mit dem Stelleisen. Foto: J. Krantz
Bild Seite 4/5: Bei schlechtem Wetter ist der »Friesennerz« das geeignete Kleidungsstück für eine Fahrt mit der Halligbahn von Dagebüll nach Langeneß (Mai 1979).
Foto: P. Pekny, Slg. VFS

Bildnachweis:
Die zur Illustration dieses Buches verwendeten Aufnahmen stammen – wenn nichts anderes vermerkt ist – vom Verfasser.

ISBN 978-3-613-71706-0

1. Auflage 2024

Sie finden uns im Internet unter www.transpress.de

Lektor: Hartmut Lange
Innengestaltung: Jürgen Knopf
Repro: Medien und Printprodukte
Druck und Bindung: DZS GRAFIK d.o.o, 1210 Ljubljana, Slovenia
Printed in Slovenia

Vorwort zur Ausgabe von 2012

Wer sich entscheidet, einen Urlaub am weiten Meer in Deutschland zu verbringen, muss zwischen zwei recht unterschiedlichen Zielen wählen: Nord- oder Ostsee. Die Ostsee ist ein Binnenmeer, die Nordsee nicht. Und bei der Ostsee sind Gezeiten kaum auszumachen, hier sieht man kein Watt, während in der Nordsee der Wechsel zwischen Ebbe und Flut das Leben bestimmt und das Landschaftsbild wechselt. Zudem hat die Nordsee im Unterschied zur Ostsee eine Vielzahl von Inseln, die zumeist mit dem Schiff erreicht werden können. Die Ostsee hat weniger und umschließt jedoch Rügen, Deutschlands größte Insel. In beiden Meeren bediente eine größere Anzahl von Inselbahnen unterschiedlicher Spurweite den Wunsch, nach Ankunft auf der Insel rasch und bequem das Urlaubsziel zu erreichen. Einige sollten aus militärischen Gründen vor den Augen der Zivilisten verborgen bleiben. Auf den Nordsee- und den Ostseeinseln existiert manche der Bahnen nicht mehr, jedoch fielen nicht alle der Stilllegung anheim.

Dieses Buch befasst sich – wie der Titel schon andeutet – ausschließlich mit Bahnen der Nordseeinseln, von denen einige schon aus Gründen des Umweltschutzes noch immer in Betrieb sind. Weniger technische Details zu den Fahrzeugen, dafür mehr zu den Bahnen und vor allem zahlreiche Bilder – soweit sie sich beschaffen ließen – sind in die Edition aufgenommen worden, auch für diejenigen Leser, die sich die immer teurer werdenden Reisen nicht leisten können. Auch dieser Personenkreis soll erfahren, was es in der Nordsee gab und gibt.

Bildautoren sind angegeben, wenn die Fotos nicht vom Autor sind. Nicht immer wurden Regeln der neuen Rechtschreibung angewandt. »Schifffahrt« steht einmal mit drei f, das andere Mal mit zwei f geschrieben. Der Regelkonflikt wurde in Kauf genommen, wenn es Firmennamen und Ähnliches aus der Zeit betrifft, als die neue Rechtschreibung noch nicht galt.

Für Hinweise auf Fehler, Ungenauigkeiten u.ä. ist der Autor dankbar, auch wenn er sich als Landratte bemühte, sie zu vermeiden.

Reiner Preuß †

Zu dieser Ausgabe

Dieses Buch erschien erstmals im Jahr 2012. Leider verstarb sein Autor Reiner Preuß, ein ausgewiesener Schmalspurkenner, im Jahr 2015. Für die vorliegende Neuauflage wurde das Buch redaktionell überarbeitet und aktualisiert. *Für die Unterstützung dabei, vornehmlich mit Bildmaterial, dankt der Verlag dem Archiv Eisenbahnstiftung, Dirk Endisch, Dieter Riehemann, der Borkumer Kleinbahn und Dampfschiffahrtsg. mbH, der Mecklenburgische Bäderbahn Molli GmbH und der Christoph Schöttler Maschinenfabrik GmbH.*

Inhalt

1. Wasser, Watt und Wattwege 6

2. Wege zum Strand – Bahnen für die Feriengäste 12

2.1 Borkum (Spurweite 900 Millimeter) 12
2.2 Juist (Spurweite 1000 mm) 28
2.3 Norderney (Spurweite 1435 mm) 38
2.4 Baltrum (Spurweite 600 mm) 40
2.5 Langeoog (Spurweite 1000 mm) 42
2.6 Spiekeroog (Spurweite 1000 mm) 52
2.7 Wangerooge (Spurweite 1000 mm) 60
2.8 Amrum (Spurweite 900 mm) 76
2.9 Nördlichste mit schmaler Spur, die Sylter Inselbahn (Spurweite 1000 mm) 82
2.10 Sylt mit Normalspur (Spurweite 1435 mm) 96

3. Verhinderter Wasserdurchfluss und Lorenbahnen 102

3.1 Lüttmoorsiel – Nordstrandischmoor (Spurweite 600 mm) 106
3.2 Dagebüll – Langeneß (Spurweite 900 mm) 112

4. Streng geheim, nicht öffentlich 116

5. Dollart, Borkum, Marinewagen und viel Nostalgie 118

Literaturverzeichnis 127

1. Wasser, Watt und Wattwege

Abfließendes Schmelzwasser zum Ende der Eiszeit vor mehr als 250 Millionen Jahren bildete den Meeresspiegel der Nordsee, allerdings 100 Meter tiefer als heute, denn weiteres Schmelzwasser floss vom Rand der Mittelgebirge in Richtung des flachen Nordens und nahm viel Kies und Sand mit, der den Untergrund erhöhte, den die Nordsee-Urlauber an den Stränden schätzen, der aber zugleich von den Fluten in West-Ost-Richtung bewegt wird und so die Form und Lage der Inseln verändert. Dem Vorgang stemmt sich der Mensch mit Deichen und anderen Wehren entgegen. 1600 Kilometer Deiche sollen die deutsche Nordseeküste vor der Zerstörung durch Wind und Wasser schützen.

Die Landstücke im Nordseewasser werden eingeteilt in Inseln, Sandbänke, Sandplatten und Hochsände. Die Nordsee ist ein Gezeitenmeer, auf das sich die Besucher einstellen müssen. Bewohner der Küstenstreifen und der Inseln sowie Feriengäste - besonders auf den Halligen - leben im Sechs-Stunden-Rhythmus.

Bei den insgesamt zehn Halligen handelt es sich um kleine Inseln, die es ausschließlich im nordfriesischen Wattenmeer gibt. Sie entstanden im Mittelalter durch mehrere schwere Sturmfluten, erheben sich nur wenige Meter über den Meeresspiegel und besitzen kei-

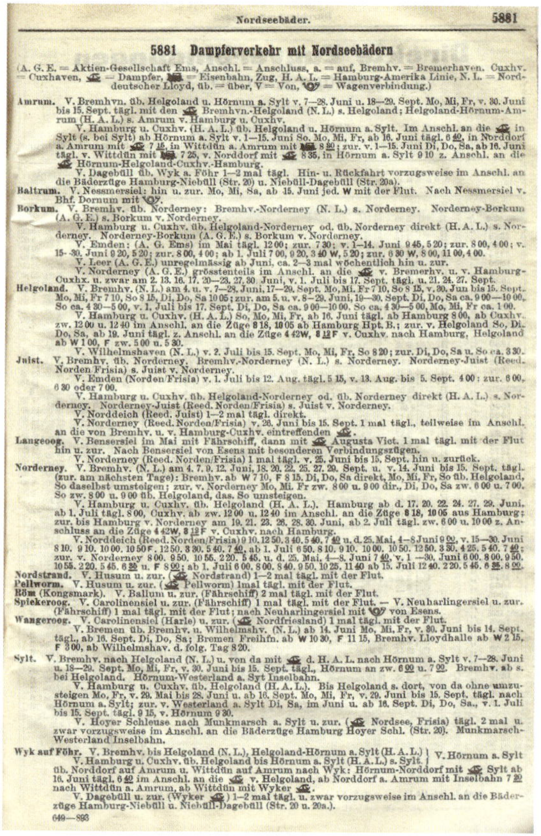

Nordseebäder. 5881

5881 Dampferverkehr mit Nordseebädern

(A. G. E. = Aktien-Gesellschaft Ems, Anschl. = Anschluss, a. = auf, Bremhv. = Bremerhaven, Cuxhv. = Cuxhaven, = Dampfer, = Eisenbahn, Zug, H. A. L. = Hamburg-Amerika Linie, N. L. = Norddeutscher Lloyd, üb. = über, V = Von, = Wagenverbindung.)

Amrum. V. Bremhvn. üb. Helgoland u. Hörnum a. Sylt v. 7—28. Juni u. 18—29. Sept. Mo, Mi, Fr, v. 30. Juni bis 15. Sept. tägl. mit den Bremhvn.-Helgoland (N. L.) s. Helgoland; Helgoland-Hörnum-Amrum (H. A. L.) s. Amrum v. Hamburg u. Cuxhv.
V. Hamburg u. Cuxhv. (H. A. L.) üb. Helgoland u. Hörnum a. Sylt. Im Anschl. an die in Sylt (s. bei Sylt) ab Hörnum a. Sylt v. 1—15. Juni So, Mo, Mi, Fr, ab 16. Juni tägl. 6 40, in Norddorf a. Amrum mit 7 15, in Wittdün a. Amrum mit 8 30; zur. v. 1—15. Juni Di, Do, Sa, ab 16. Juni tägl. v. Wittdün mit 7 25, v. Norddorf mit 8 35, in Hörnum a. Sylt 9 10 z. Anschl. an die Hörnum-Helgoland-Cuxhv.-Hamburg.
V. Dagebüll üb. Wyk a. Föhr 1—2 mal tägl. Hin- u. Rückfahrt vorzugsweise im Anschl. an die Bäderzüge Hamburg-Niebüll (Str. 20) u. Niebüll-Dagebüll (Str. 20a).

Baltrum. V. Nessmersiel: hin u. zur. Mo, Mi, Sa, ab 15. Juni jed. W mit der Flut. Nach Nessmersiel v. Bhf. Dornum mit .

Borkum. V. Bremhv. üb. Norderney: Bremhv.-Norderney (N. L.) s. Norderney. Norderney-Borkum (A. G. E.) s. Borkum v. Norderney.
V. Hamburg u. Cuxhv. üb. Helgoland-Norderney od. üb. Norderney direkt (H. A. L.) s. Norderney. Norderney-Borkum (A. G. E.) s. Borkum v. Norderney.
V. Emden: (A. G. Ems) im Mai tägl. 12 00; zur. 7 30; v. 1—14. Juni 9 45, 5 20; zur. 8 00, 4 00; v. 15—30. Juni 9 20, 5 20; zur. 8 00, 4 00; ab 1. Juli 7 00, 9 20, 3 40 W, 5 20; zur. 6 30 W, 8 00, 11 00, 4 00.
V. Leer (A. G. E.) unregelmässig ab Juni, ca. 2—3 mal wöchentlich hin u. zur.
V. Norderney (A. G. E.) grösstenteils im Anschl. an die v. Bremerhv. u. v. Hamburg-Cuxhx. u. zwar am 2. 13. 16. 17. 20—23. 27. 30. Juni, v. 1. Juli bis 17. Sept. tägl. u. 21. 24. 27. Sept.

Helgoland. V. Bremhv. (N. L.) am 4. u. v. 7—28. Juni, 17—29. Sept. Mo, Mi, Fr 7 10, So 8 15, v. 30. Jun bis 15. Sept. Mo, Mi, Fr 7 10, So 8 15, Di, Do, Sa 10 05; zur. am 5. u. v. 8—29. Juni, 19—30. Sept. Di, Do, Sa ca. 9 00—10 00, So ca. 4 30—5 00, v. 1. Juli bis 17. Sept. Di, Do, Sa ca. 9 00—10 00. So ca. 4 30—5 00, Mo, Mi, Fr ca. 1 00.
V. Hamburg u. Cuxhv. (H. A. L.) So, Mo, Mi, Fr, ab 16. Juni tägl. ab Hamburg 8 00, ab Cuxhv. zw. 12 00 u. 12 40 im Anschl. an die Züge 8 18, 10 05 ab Hamburg Hpt. B.; zur. v. Helgoland So, Di, Do, Sa, ab 19. Juni tägl. z. Anschl. an die Züge 4 42W, 8 12F v. Cuxhv. nach Hamburg, Helgoland ab W 1 00, F zw. 5 00 u. 5 30.
V. Wilhelmshaven (N. L.) v. 2. Juli bis 15. Sept. Mo, Mi, Fr, So 8 20; zur. Di, Do, Sa u. So ca. 3 30.

Juist. V. Bremhv. üb. Norderney. Bremhv.-Norderney (N. L.) s. Norderney. Norderney-Juist (Reed. Norden/Frisia) s. Juist v. Norderney.
V. Emden (Norden/Frisia) v. 1. Juli bis 12. Aug. tägl. 5 15, v. 13. Aug. bis 5. Sept. 4 00; zur. 6 00, 6 30 oder 7 00.
V. Hamburg u. Cuxhv. üb. Helgoland-Norderney od. üb. Norderney direkt (H. A. L.) s. Norderney. Norderney-Juist (Reed. Norden/Frisia) s. Juist v. Norderney.
V. Norddeich (Reed. Juist) 1—2 mal tägl. direkt.
V. Norderney (Reed. Norden/Frisia) v. 26. Juni bis 15. Sept. 1 mal tägl., teilweise im Anschl. an die von Bremhv. u. v. Hamburg-Cuxhv. eintreffenden .

Langeoog. V. Bensersiel im Mai mit Fährschiff, dann mit Augusta Vict. 1 mal tägl. mit der Flut hin u. zur. Nach Bensersiel von Esens mit besonderen Verbindungszügen.
V. Norderney (Reed. Norden/Frisia) 1 mal tägl. v. 25. Juni bis 15. Sept. hin u. zurück.

Norderney. V. Bremhv. (N. L.) am 4. 7. 9. 12. Juni, 18. 20. 22. 25. 27. 29. Sept. u. v. 14. Juni bis 15. Sept. tägl. (zur. am nächsten Tage): Bremhv. ab W 7 10, F 8 15. Di, Do, Sa direkt, Mo, Mi, Fr, So üb. Helgoland, So daselbst umsteigen; zur. v. Norderney Mo, Mi, Fr zw. 8 00 u. 9 00 dir., Di, Do, Sa zw. 6 00 u. 7 00, So zw. 8 00 u. 9 00 üb. Helgoland, das. So umsteigen.
V. Hamburg u. Cuxhv. üb. Helgoland (H. A. L.). Hamburg ab d. 17. 20. 22. 24. 27. 29. Juni, ab 1. Juli tägl. 8 00, Cuxhv. ab zw. 12 00 u. 12 40 im Anschl. an die Züge 8 18, 10 05 aus Hamburg; zur. bis Hamburg v. Norderney am 19. 21. 23. 26. 28. 30. Juni, ab 2. Juli tägl. zw. 6 00 u. 10 00 z. Anschluss an die Züge 4 42W, 8 12F v. Cuxhv. nach Hamburg.
V. Norddeich (Reed. Norden/Frisia) 9 10. 12 50. 3 40. 5 40. 7 40 u. d. 25. Mai, 4—8 Juni 9 00, v. 15—30. Juni 8 10. 9 10. 10 00. 10 50F. 12 50. 3 30. 5 40. 7 40, ab 1. Juli 6 50. 8 10. 9 10. 10 00. 10 50. 12 50. 3 30. 4 25. 5 40. 7 40; zur. v. Norderney 8 00. 9 50. 10 55. 2 20. 5 45. u. d. 25. Mai, 4—8. Juni 7 40, v. 1—30. Juni 6 00. 8 00. 9 50. 10 55. 2 20. 5 45. 6 35 u. F 8 00; ab 1. Juli 6 00. 8 00. 8 40. 9 50. 10 25. 11 40 ab 15. Juli 12 40. 2 20. 5 45. 6 35. 8 00.

Nordstrand. V. Husum u. zur. (Nordstrand) 1—2 mal tägl. mit der Flut.

Pellworm. V. Husum u. zur. (Pellworm) 1mal tägl. mit der Flut.

Röm (Kongsmark). V. Ballum u. zur. (Fährschiff) 2 mal tägl. mit der Flut.

Spiekeroog. V. Carolinensiel u. zur. (Fährschiff) 1 mal tägl. mit der Flut. — V. Neuharlingersiel u. zur. (Fährschiff) 1 mal tägl. mit der Flut; nach Neuharlingersiel mit von Esens.

Wangeroog. V. Carolinensiel (Harle) u. zur. (Nordfriesland) 1 mal tägl. mit der Flut.
V. Bremen üb. Bremhv. u. Wilhelmshv. (N. L.) ab 14. Juni Mo, Mi, Fr, v. 30. Juni bis 14. Sept. tägl., ab 16. Sept. Di, Do, Sa; Bremen Freihfn. ab W 10 30, F 11 15, Bremhv. Lloydhalle ab W 2 15, F 3 00, ab Wilhelmshav. d. folg. Tag 8 20.

Sylt. V. Bremhv. nach Helgoland (N. L.) u. von da mit d. H. A. L. nach Hörnum a. Sylt v. 7—28. Juni u. 18—29. Sept. Mo, Mi, Fr, v. 30. Juni bis 15. Sept. tägl., Hörnum an zw. 6 00 u. 7 00. Bremhv. ab s. bei Helgoland. Hörnum-Westerland a. Syt Inselbahn.
V. Hamburg u. Cuxhv. üb. Helgoland (H. A. L.). Bis Helgoland s. dort, von da ohne umzusteigen Mo, Fr, v. 29. Mai bis 28. Juni u. ab 16. Sept. Mo, Mi, Fr, v. 29. Juni bis 15. Sept. tägl. nach Hörnum a. Sylt; zur. v. Westerland a. Sylt Di, Sa, im Juni u. ab 16. Sept. Di, Do, Sa., v. 1. Juli bis 15. Sept. tägl. 9 15, v. Hörnum 9 30.
V. Hoyer Schleuse nach Munkmarsch a. Sylt u. zur. (Nordsee, Frisia) tägl. 2 mal u. zwar vorzugsweise im Anschl. an die Bäderzüge Hamburg Hoyer Schl. (Str. 20). Munkmarsch-Westerland Inselbahn.

Wyk auf Föhr. V. Bremhv. bis Helgoland (N. L.), Helgoland-Hörnum a. Sylt (H. A. L.) | V. Hamburg u. Cuxhv. üb. Helgoland bis Hörnum a. Sylt (H. A. L.) s. Sylt. | V. Hörnum a. Sylt üb. Norddorf auf Amrum u. Wittdün auf Amrum nach Wyk: Hörnum-Norddorf mit Sylt ab 16. Juni tägl. 6 40 im Anschl. an die v. Helgoland, ab Norddorf a. Amrum mit Inselbahn 7 20 nach Wittdün a. Amrum, ab Wittdün mit Wyker .
V. Dagebüll u. zur. (Wyker) 1—2 mal tägl. u. zwar vorzugsweise im Anschl. an die Bäderzüge Hamburg-Niebüll u. Niebüll-Dagebüll (Str. 20 u. 20a.).

649—893

Das Kursbuch von 1911 führt auch die Verbindungen zu den Nordseeinseln auf, in einer für den heutigen Leser ungewohnten Art.

Sammlung Erich Preuß

So schützt Nordfriesland sein Festland. Vorgelagerte Hallige, Steindamm gegen Umflutungen und Lahnungen vom Damm aus bremsen die Flut. Auf dem Damm ist auch noch Platz für ein schmales Gleis (2012).

nen Deich. Deshalb stehen die Häuser leicht erhöht auf sogenannten Warften, die sie vor Sturmfluten schützen, während die restliche Hallig überspült wird.
Der Boden der Halligen speichert kein Süßwasser, sodass es auf den Halligen außer Regenwasser kein natürliches Süßwasser gibt. Landwärts dehnen sich Moorgebiete aus, meerseitig wird bei Niedrigwasser das Watt sichtbar. Es ist Schlick und Sand, durchzogen von Prielen. Das Watt wird von Feriengästen mit Führungen besichtigt, ist jedoch der Untergrund für die Wege der Hallig- und Inselbewohner. Deshalb heißt das Watt auch »Straßen unter dem Meer« oder »Unterwasserstraßen«, da es doch bei der Flut unter dem Meeresspiegel verschwindet. Für leichtsinnige Touristen kann der bei Ebbe freigelegte Meeresgrund sehr gefährlich werden. Die Wattwege sind aber auch billige »Straßen«, denn Kosten für Herstellung und Instandhaltung sowie Straßenreinigung stellen sich nicht ein. Es fehlen auch jegliche Verkehrszeichen. Der Einheimische hat den Kompass zur Hand und eine Bambusstange zum Überprüfen der Prieltiefe, und dennoch ist selbst

für Einheimische der Weg über das Watt nicht ungefährlich. Das Watt-Biotop, beeinflusst vom Salzwasser der Nordsee, ist ein kompliziertes ökologisches System.

Drei Bundesländer legten sich auf ein Konzept für die gesamte deutsche Nordsee-Küste fest und stellten mit unterschiedlichen Begriffen seit 1985/1990 das einzigartige Biotop unter Schutz. Es schließt die Inseln ein. Sie entstanden in verschiedener Weise: Sandbänke wurden in Ostfriesland zu Inseln, die nordfriesischen Inseln trug das Nordsee-Wasser vom Festland ab.

Das Leben der Anrainer beeinflusst ein Phänomen, das sind die Gezeiten, ausgelöst durch die Konstellation von Mond und Erde und der Erd-Fliehkraft. Deshalb entstehen auf der dem Mond zu- und abgewandten Seite Wasserberge, zu denen das Meerwasser im fortwährenden Wechsel zwischen Ebbe und Flut fließt. Die Flut kommt aber nicht genau alle zwölf Stunden. Denn die Mondbewegung auf der Umlaufbahn verzögert den Intervall. Deshalb werden orts- und tagesbezogene Pläne von Ebbe und Flut veröffentlicht. Die Fähren und die Inselbahnen, die sich den tideabhängigen Überfahrten anschließen, müssen sich nach solchen Zeitvorgaben richten, sie fahren nicht unabhängig von den Gezeiten, so ihnen eine genügend tiefe Fahrrinne fehlt.

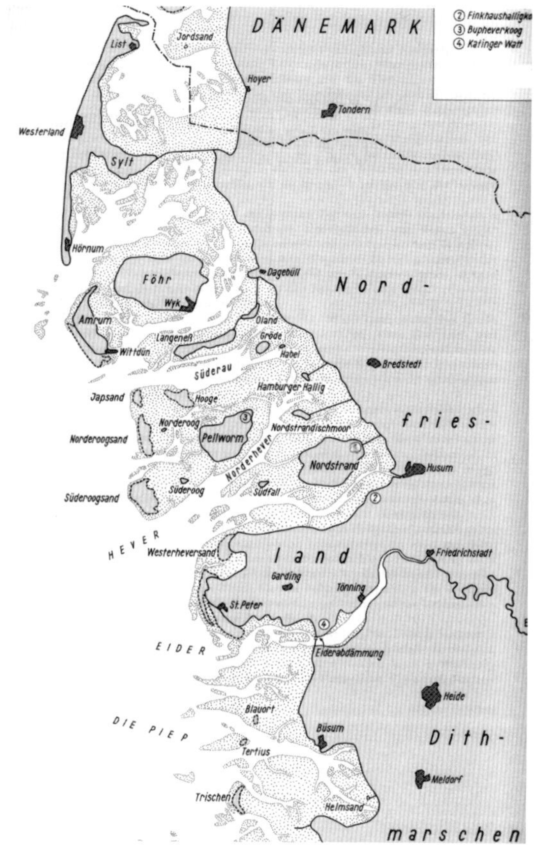

Der nordfriesische Strand, Verbindungen zu den Halligen sind schematisch dargestellt. Die Hamburger Hallig ist bereits seit 1874/75 landfest. Auch zur Insel Nordstrand gibt es noch keinen Damm. Entnommen aus [1]

Die Flut entsteht nicht in der Nordsee. Die beginnt im Atlantik, nach etwa zwölf Stunden trifft sie in der Deutschen Bucht ein. Mit dem vom Atlantik einströmenden Wasser wird das Nordsee-Wasser im Laufe von zwei Jahren ausgetauscht. Die Nordsee ist im Vergleich mit anderen Meeresgewässern bei 15 bis 35 Promille wenig salzhaltig. Immerhin lässt es künstliche Bauten korrodieren und beeinflusst die Natur, zum Beispiel durch besondere Vegetation auf den Salzwiesen.

Als die Mode der Urlaubsreisen aufkam,

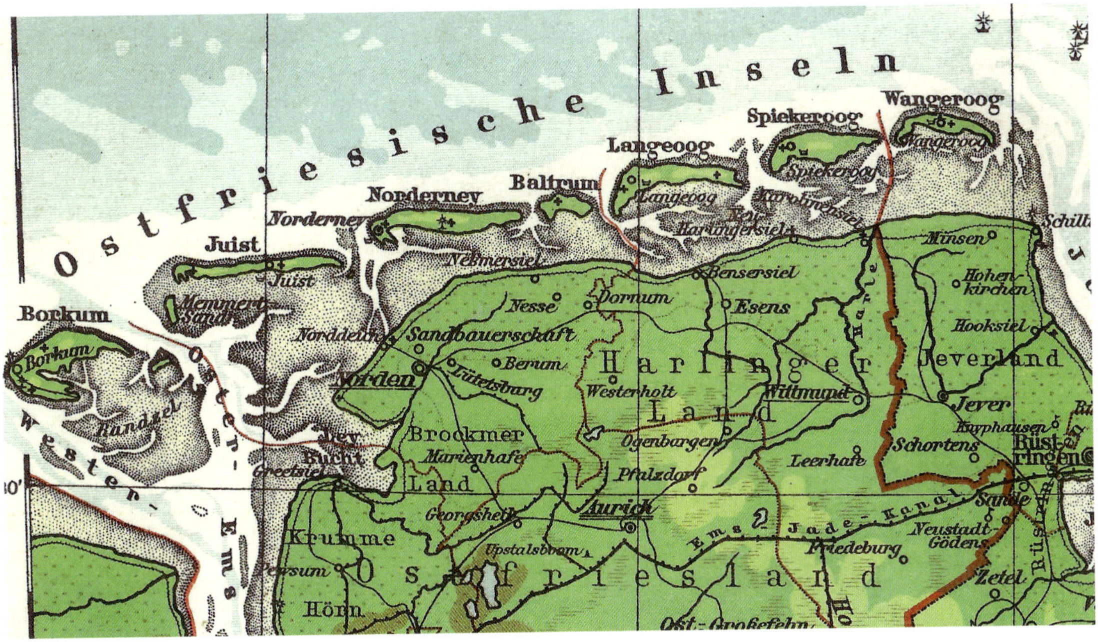

Wie an einer Perlenkette aufgezogen liegen die ostfriesischen Inseln vor der Küste.

Bremer Schulatlas o. J. (um 1930)

wurden auch die Küste und die Inseln der Nordsee interessant. Wegen der Versandung mussten die Schiffe bei Flut meist vor den Inseln anhalten. Feriengäste und ihr Gepäck wurden ausgebootet, auf hochrädrige Karren verbracht, die Schiffsreisenden stiegen mit oder ohne Hilfe aufs Watt und in die Wattkarre, oder die Passagiere warteten die Ebbe ab und liefen auf dem Watt zur trockenen Insel. Nicht jeder verbuchte das als Ulk. Wer sich aber für die Eigentümlichkeiten der Nordseewelt begeisterte, die Inselruhe suchte, sich an Fauna und Flora erfreute, fuhr gern an diese Küste und verbrachte die Freizeit auf diesen Inseln. Allmählich verbesserte sich der Transfer zu ihnen.

Zu drei Halligen fahren heute Lorenbahnen, andere werden vom Schiff bis zum Anleger angesteuert, manche inzwischen auch nach konstantem Fahrplan. Außer den auf den Kursbuchseiten der Deutschen Bahn (nur im Internet) veröffentlichten Fahrten werden noch zusätzliche veranstaltet.

Wer es eilig hat, überfliegt die Distanz zwischen Festland und Insel in einem kleinen Flugzeug. Mit Ausnahme der Inseln Sylt, Norderney und Borkum muss der Pkw auf dem Festland bleiben. Große eingezäunte und bewachte Parkplätze nehmen ihn auf. So sind die Pkw-Reisenden auch auf Flugzeug, Schiff und ggf. Inselbahn angewiesen. Wurden Strecken auf dem Festland »wegrationalisiert«, so

gibt es für die Anreise mit den öffentlichen Verkehrsmitteln gute Verbindungen mit dem Autobus.
In harten Wintern erlaubt die Eisdecke Fußmärsche zwischen den Inseln und dem Festland. Der Badegast nimmt in der Saison die Wassertemperatur der Nordsee als erfrischend wahr. Im Sommer kann die Meerestemperatur bis auf + 25° C ansteigen. Gebadet wurde früher getrennt nach Geschlechtern und fast vollständig verkleidet. Aber auch heute werden sogenannte Badeshorts immer länger und bedecken das Knie. Die Nordsee ist jedoch nicht allein das Ziel prüder Sommerfrischler. Wanderungen in frischer salzhaltiger Luft und bei Ebbe über das Watt, Fahrrad- und Reittouren, Kaffeefahrten (auf Borkum auch mit der Inselbahn), Musiknachmittage u.a. ziehen Urlauber und Tagesgäste an und beflügeln die Verkehrsentwicklung.

Inselbahnen auf deutschen Nordseeinseln

		Bundesland	2024 in Betrieb		Spurweite				Benutzung	
Kapitel	Insel/Hallig		ja	nein	600	900	1000	1435	öffentlich	nicht öffentlich
2.8	Amrum	SH		X		X			X	
2.4	Baltrum	NS		X	X					
2.1	Borkum	NS	X			X			X	
4	Helgoland	SH		X			X			X
2.2	Juist	NS		X			X		X	
2.5	Langeoog	NS	X				X		X	
4	Minsener Oog	NS	X		X					X
4	Neuwerk	HH		X	X					X
2.3	Norderney	NS		X				x		x
3.1	Nordstrandischmoor	SH	X		X					X
3.2	Oland – Langeneß	SH	X			X				X
2.6	Spiekeroog	NS		X			X		X	
2.9	Sylt	SH		X			X		X	
2.10	Sylt[1]	SH	X					X	X	
2.7	Wangerooge	NS	X				X		X	

1 u.a. Autozug Niebüll – Westerland (Sylt); HH= Freie und Hansestadt Hamburg (Insel bis 1969 zu NS); NS= Niedersachsen; SH= Schleswig-Holstein

Alle haben es eilig. Sie wechseln von der Inselbahn auf das Schiff zum Festland. Hafen Borkum (2012).

2. Wege zum Strand – Bahnen für die Feriengäste

2.1 Borkum (Spurweite 900 Millimeter)

Der Erfolg Borkums als Urlaubsinsel kam langsam, dann aber gewaltig. Die ersten Badegäste betraten die von Walfängern bewohnte, 30,7 km² große Insel um 1834. Zu diesem Zeitpunkt war sie schon lange kein Seeräubernest mehr wie zur Zeit der Hanse. Und auch die napoleonische Besatzungszeit 1810 bis 1813 und die damit verbundene Kontinentalsperre war nur eine Episode geblieben.

Zehn Jahre nach dem ersten Eintreffen der Sommergäste entstanden im Jahr 1844 die ersten Badeeinrichtungen. Die Borkumer entdeckten den Besuch der Badegäste zunehmend als neue Einnahmequelle.

Die Insulaner nahmen sich nun der Sommerfrischler und Kurgäste an. Umständliche Prozeduren mussten diese Badegäste beim Ausbooten auf sich nehmen. 1850 zählte die Insel die vergleichsweise geringe Zahl von rund 250 Besuchern. Das änderte sich 1887 mit dem Bau des Fähranlegers und der Inselbahn. 200 000 Feriengäste verbrachten Ende des 20. Jahrhunderts jährlich die Urlaubszeit auf der größten ostfriesischen Insel in der Nordsee. Der tideunabhängige Fähranleger befindet sich auf der von Flut und Sturm geschützten Südseite. Aber die Strömung des bewegten Meereswassers kann die Fahrzeit der Fähren beeinflussen. Die Inselbahn holt die Fahrgäste nach Ankunft der Schiffe ab und bringt sie in die nahe gelegene Inselstadt an der Nordseite.

Bis es aber soweit war, dauerte es einige Jahrzehnte. Die erste Pferdebahn entstand 1879. Sie diente dem Materialtransport von der östlichen Einbuchtung der Insel zur Baustelle des »Neuen Leuchtturms«, den man nach dem Brand des alten Turms vordringlich errichten musste. Ihre Trasse ist mit der heutigen Inselbahn in Teilen identisch. Im Juni 1883 schloss Borkum mit dem Emder Magis-

Der Wismarer Schienenbus T 2 am 3. Mai 1975 unterwegs zwischen Borkum Bahnhof und dem Haltepunkt Jakob-van-Dyken-Weg. *Foto: D. Riehemann*

Ein Zug der Inselbahn passiert den Ortseingang. Links im Bild ist ein Weyer-Wagen gut zu erkennen.
Sammlung Wagner

2020 entwickelte und baute die Borkumer Kleinbahn und Dampfschiffahrtsgesellschaft mbH in enger Zusammenarbeit mit der Firma Schöma einen neuen Waggon (siehe Seite 22).
Foto: © Borkumer Kleinbahn und Dampfschiffahrtges. mbH

Ebenfalls in den Haltepunkt Jakob-van-Dyken-Weg wurde investiert für eine Bahnübergangssicherung und eine Rampe, die den Zugang erleichtert (2012).

trat einen Vertrag für den Bau eines festen und tideunabhängigen Anlegers. Die Planung sah den Bau einer Inselbahn vor, bei der die vorhandene Pferdebahn soweit wie möglich mit einbezogen werden sollte. Ende Juli 1885 wurde der Bau und Betrieb einer öffentlichen Pferdebahn zwischen Ort und zukünftigen Landungsbrücke konzessioniert. Weil sich die Bauarbeiten verzögerten, musste diese Konzession, die dem Bauunternehmen Habich & Goth auf die Dauer von 30 Jahren zugesprochen worden war, im September 1887 verlängert werden.

Am 15. Juni 1888 fuhr endlich der erste Zug für die Öffentlichkeit auf der mit einer Spurweite von 900 Millimetern errichteten 7,321 Kilometer langen Strecke, die weitgehend der bisher betriebenen Pferdebahn folgte. Die Strecke verlief fast vier Kilometer durch das offene Watt und rund drei Kilometer über die Dünen zum neuen Bahnhof in Ortsmitte. Die zwei Lokomotiven Melitta und Moritz, beide Baujahr 1876, hatte die Bau- und Betriebsgesellschaft als Baulokomotiven schon anderswo eingesetzt und benutzte sie nun bei der Borkumer Kleinbahn für den Zugbetrieb. Die zweiachsigen Maschinen besaßen ein Zweizylinder-Nassdampftriebwerk, waren also als Bauart Bn2t konstruiert. Wegen des schwachen Oberbaus auf Kiesbettung ließen sich Lokomotiven mit anderer Achsfolge nicht einsetzen. Bis zur letzten Beschaffung von Dampflokomotiven blieb es bei der Bauart mit zwei Achsen.

Die ersten Wagen für die Inselbahn lieferte die Pferdestraßenbahn in Emden. Bereits in den ersten Betriebsjahren reichten die fünf Wagen nicht aus. Die eigene Werkstatt baute 17 zweiachsige Personenwagen, davon fünf Sommerwagen selbst. Einen Wagen für »hohe Besucher aus Berlin« – erhofft und gemeint war ein Besuch von Kaiser Wilhelm II. – mit besonders luxuriöser Ausstattung kaufte die Bahn bei der Firma Düsseldorfer Eisenbahnbedarf vorm. Carl Weyer & Co. Weitere 17 Wagen lieferten mit geringen Abweichungen die Waggonbauanstalt Oldenburg und die Hannoversche Waggonfabrik nach. Bei dem gern kopierten Weyer-Wagen fiel nicht allein ein gut gefedertes Drehgestell auf, mehr imponierten den Fahrgästen drei reichlich 1,50 Meter breite Fenster auf jeder Fahrzeugseite, die für eine gute Sicht auf die Landschaft und einen hellen Wagenraum sorgten. Die bei anderen Bahnen unübliche Sitzanordnung war hier so gewählt: quer stehende Bänke mit zweimal zwei Sitzen und an einer Seite eine Längsbank. Gekuppelt wurde mit einer Kette, der Zug handgebremst angehalten. Das Beleuchtungssystem hatte 24 Volt Spannung. Die Wagen-Firma beschrieb ihre Wagen so: Wagenkasten aus Eichenholz, außen mit Blech verkleidet, je Seitenwand sechs Fallfenster und drei große, feste Fenster sowie Oberlichtfenster. Innen waren die Wagen mit Teakholz ausgestattet, naturlackiert, Seiten- und Stirnwände von oben bis unten vertäfelt, Linoleum auf dem Fußboden. Offene Plattformen mit Blechtüren, Sitzbrett mit Geländer, Plattform überdacht, Drehtüren in den Stirnwänden. Außen an der Dachkante längsseits Leinenhalter für die Notsignalleine. (Bremsen waren auf Borkum für die Wagen nicht vorgesehen, die Notleine, auch als Zugleine

Im Mai 1968 standen der VT 2 und die Lok Borkum vor dem Fahrzeugschuppen des Kleinen Bahnbetriebswerkes auf Borkum. *Foto: J. Krantz*

Nur an dem Namensschild wäre es schwierig, von Weitem die Lokomotiven zu erkennen. Deshalb ist die Ummantelung des Auspuffs in unterschiedlichen Farben gehalten (2012).

Am 3. Mai 1975 besaß die Borkumer Kleinbahn noch zwei betriebsfähige Wismarer Schienenbusse: T 2 (links) und T 1 im Bw.

Foto: D. Riehemann

bezeichnet, betätigte die Lokomotivpfeife und zeigte dem Lokomotivführer eine Gefahr an.) Die bis 1903 gebildete »Borkumer Kleinbahn- und Dampfschiff-AG« vereinte die Schiffs- und Bahneinrichtungen. Die Schmalspurbahn hatte sich nicht nur auf die wachsende Anzahl der an- und abreisenden Badegäste einzustellen, sondern auch militärischen Transporten zu genügen. Sah doch Kaiser Wilhelm II. die Zukunft Deutschlands auf dem Wasser und ließ die Insel Borkum zur Seefestung ausbauen, traf selbst aber nicht auf diesem Vorposten ein. Borkum erhielt eine Garnison. Zwischen Reede und Dorf wurde die Strecke zweigleisig angelegt. Dass die Inselbahn militärisch von Bedeutung sein konnte, zeigte sich mehrmals, so auch vor und während des Zweiten Weltkriegs. Dabei wuchs die Gesamtgleislänge auf 45 Kilometer. 11,4 Kilometer Strecke, davon 7,4 Kilometer zweigleisig, befuhr die Bahn seit 1946, nun ohne die Gleise für das Militär. Das hatte jedoch viel Beton verbaut und mit einer Straße der Schmalspurbahn Konkurrenz geschaffen. Bus und Bahn blieben jedoch in einer Hand. Der neue Betriebshof mit moderner Werkstatt und Abstellhalle wurde gebaut. Die Marine-Werkstatt, über ein Kilometer vom Ort entfernt, genügte bis 1958. Zweigleisig wird immer noch auf der Gesamtrecke von 4,2 Kilometer gefahren, denn die Fahrgäste sollen nach der Schiffsankunft nicht lange auf die Abfahrt zur Stadt warten, und auf der Heimreise rasch das Schiff erreichen. Zugkreuzungen mit vollständig eingleisiger Strecke würden da hinderlich sein. Zwar wurde der eingleisige Betrieb zwischen km 2,7 und 6,9 (zwischen Jakob-von-Dyken-Weg und Bahnhof blieb es

Obwohl der Wagen erst rund 30 Jahre alt ist, soll er an die Wagen der Firma Weyer aus der Zeit vor 1900 erinnern: Oberlichter, breite Fenster, Längsbank zu Abteilsitzen (2012).

bei zwei Gleisen) von 1990 bis 1994 versucht, aber wegen betrieblicher Schwierigkeiten wieder aufgegeben.

War die Schmalspurbahn ursprünglich für Güter- und Personenverkehr vorgesehen, konnte auf die Güterbeförderung von 1968 an verzichtet und der für ihn erforderliche Wagenpark ausgemustert werden. Die Frachten bringen nun mit der Autofähre angelandete Lastkraftwagen bis zum Empfänger auf der Insel. Nur

Im Mai 1968 hatte die Lok Borkum (O&K 1937) nur noch wenige Einsatztage vor sich. Am 16. Juni wurde sie abgestellt. *Foto: J. Krantz*

bis 1975 und in Selbstentladewagen kamen noch Kohlen auf dem Schienenweg im Ort an. Anschlussgleise wurden überflüssig und verschwanden. Ebenso das Gleis der Strandbahn. Autofähren mit Einrichtungen für den »Roll on – Roll off«-Verkehr veranlassten 1968 das Unternehmen, auf den ganzjährigen Zugbetrieb zu verzichten, jedoch nicht mehr seit 1994. In dem Jahr kamen neue Personenwagen auf die Insel. Dazu später mehr. Nach Jahren mit Verlusten wandelte die Gesellschafterin am 1. Januar 1964 die Kleinbahn – streng genommen als Bezeichnung für die Schmalspurbahn ein unzutreffendes Wort, es galt in Preußens Gesetzgebung nicht allein für die Schmalspurbahnen – in eine Gesellschaft mit beschränkter Haftung um. Das Unternehmen heißt seitdem »Borkumer Dampfschiffahrts- und Kleinbahngesellschaft GmbH«.

Den mehrmals von Naturkräften in Mitleidenschaft gezogenen Wattdamm übernahm das Wasser- und Schifffahrtsamt, sodass die Bahn nicht mehr die erheblichen Kosten der Instandhaltung tragen muss.

Die in den 1960er- und 1970er-Jahren sich entwickelnde Euphorie pro Auto, kontra Eisenbahn konnte sich auf der Insel Borkum nicht nachhaltig verbreiten. Die Bahn erhielt eine

Der Gepäckwagen mit einem Sitzabteil ist auffällig in Gelb gehalten und Reisenden mit Handicap oder großem Gepäck vorbehalten. Eine Rampe erleichtert den Einstieg (2012).

neue anstelle der 1979 ablaufenden Konzession bis 2028. Die Gesellschaft der Inselbahn veranlasste die Erneuerung des Oberbaus von 1979 bis 1987. Wo das Nordseewasser die Gleisbettung beeinträchtigt, liegt jetzt versuchsweise ein Gleisbett aus Porenbeton. Bis 1982 entstanden die schon genannten Gebäude des Betriebsbahnhofs in Nähe des Stadtbahnhofs. Der wird in der Umgangssprache immer noch »Dorfbahnhof« genannt, obwohl Borkum seit 1954 Stadt ist. Die Gesellschaft nennt ihn einfach »Bahnhof«. Der am Anleger heißt »Reede«. Der Bahnhof erhielt 1990/91 einen Ziegelbau. Die alte, 1958 gebaute Halle wurde 1993/94 für die neuen Fahrzeuge renoviert. Das »Gemeindeverkehrsfinanzierungsgesetz«, das nicht nur Verkehrswege des Straßenverkehrs berühren muss, half dem Unternehmen, indem dank dieses Titels Steuermittel für die Infrastruktur der Inselbahn und selbst für Fahrzeuge fließen konnten.

Das Zeitalter der Diesellokomotiven begann hier so richtig erst 1993 mit der Modernisierung des gesamten Fahrzeugparks, auch wenn es schon früher Lokomotiven mit dem Dieselantrieb gab. Das waren die EMDEN und LEER, beide in den Nachkriegsjahren von der Marine übernommen, und fabrikneu die von der in Diepholz ansässigen Firma Schöma gekaufte MÜNSTER. Hinzu kamen zwei »Schweineschnäuzchen« genannte Triebwagen von 1940 aus Waggonfabrik in Wismar. Das schon genannte Finanzierungsgesetz erlaubte der Landesregierung, den Inselbahnen erhebliche Zuschüsse gutzuschreiben. Die Borkumer Bahn kaufte bei Schöma drei neue Lokomotiven und bestellte (außerhalb des Bundeslandes) bei der Waggonfabrik in Bautzen 16 Personenwagen und zwei Gepäckwagen. Dass die Werke der damaligen Deutschen Waggon-AG in Betracht kamen, lag an deren Erfahrung bei der Lieferung für Schmalspur-

Lok »MÜNSTER« mit Personenzug von der Reede kurz vor dem Haltepunkt Jakob-van-Dyken-Weg am 18. Juni 1988.
Foto: D. Riehemann

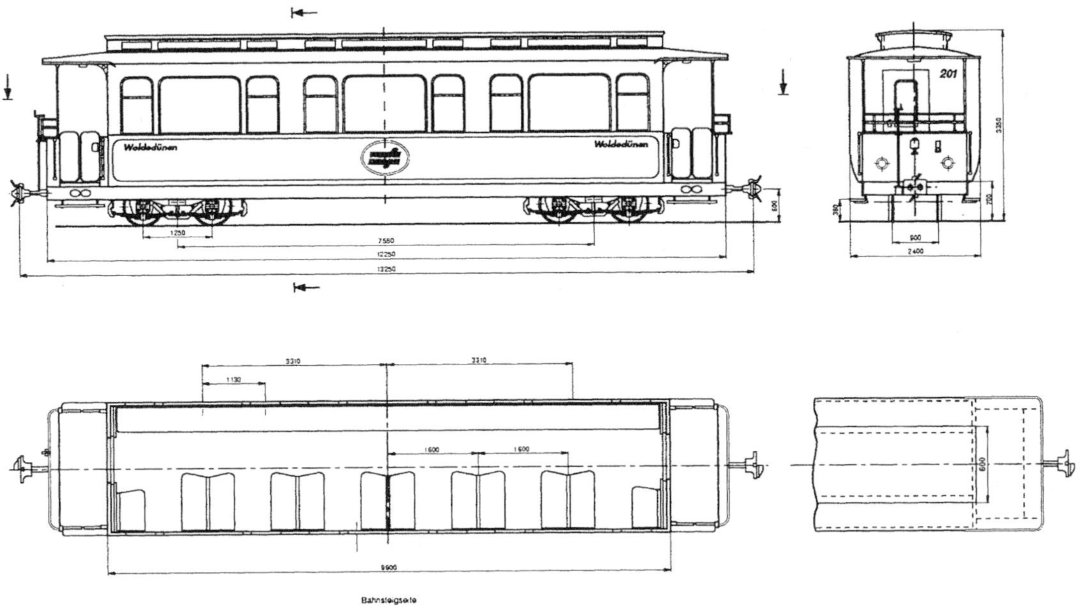

Die Anordnung der Sitzplätze und die Fensterfront ist typisch für die Weyer-Wagen und wurde bei der Bautzener Konstruktion beibehalten.

Nicht jeder Zug wird mit zwei Lokomotiven gefahren, eine genügt auch, erspart jedoch nicht das Umsetzen am Endbahnhof. Diesen Zug zieht die Lokomotive BERLIN (2012).

bahnen in Afrika und Asien und sicherlich auch an dem niedrigen Lohn-/Kostenniveau im »Beitrittsgebiet«. Gebaut wurden die Rohbauten in Niesky, und das Werk in Bautzen ergänzte die Ausstattung nach dem Bild der bisher eingesetzten Wagen. Die Fahrzeuge erhielten abweichend zu früher jedoch eine durchgehende, selbsttätig wirkende Druckluftbremse und die Scharfenbergkupplung. Beim traditionelle Sitzbrett auf jeder Plattform des Wagens blieb es. Die Stirnwandtüren bestehen aus Eichenholz, die Fenstergruppen aus Thermoscheiben. Zu

Ein kleines Stellwerk hängt an der Hauswand des Stationsgebäudes von Borkum (2012).

ihnen gehören schmale Schiebesenkfenster mit einer Öffnungsweite von 380 Millimeter links und rechts der großen Fenster. Die Wagen erhielten vorbildgerecht auch Oberlichtfenster. Rollstuhl- und Radfahrer können die Gepäckwagen benutzen. Das Gepäckabteil ist mit einer Sitzbank ausgestattet. Wagen 16 und 17 erhielten eine Heizung und Lautsprecher. Nirostastahl wurde verwendet. Mit diesem und dem Anstrich sind die Wagen für eine Betriebsdauer von 50 Jahren ausgelegt. Mit den neuen Fahrzeugen konnten zwei Zuggarnituren gebildet werden, die seit 2007 als scheinbare Wendezüge fahren. Dabei gibt es keinen Steuerwagen, vielmehr hat jedes Zugende eine Lokomotive, in Betrieb ist jeweils nur eine. Das Umsetzen der Lokomotiven auf der Endstation entfällt. Für einen weiteren Zug reichen die alten Wagen aus, die als Nostalgiezug – meist mit Dampflokomotive – fahren.

Die bei der Firma SCHÖMA Christoph Schöttler Maschinenfabrik GmbH im Jahre 1993 bestellten Diesellokomotiven mit den Bezeichnungen HANNOVER, MÜNSTER und BERLIN sind mit Endführerstand, einem Deutz-Motor mit 245 PS (180,2 kW) Leistung und einem Clark-Getriebe gebaut worden. Sie fuhren von Anfang an mit Rapsölmetylester, hier erstmals im Schienenverkehr angewendet. Eine Mühle in Leer liefert den aus einheimischen Raps erzeugten Ester. 2007 wurde die Lokomotive AURICH geliefert. Zur Lokomotive »Aurich«, auch in Diepholz bei Schöma« gefertigt, gibt es zu den anderen Borkumer Diesellokomotiven einige Unterschiede. Der 250 PS (184-kW) starke Deutz-Motor arbeitet nicht luft- sondern wassergekühlt. Der Führerstand ist mit zwei Plätzen gebaut.

Die neue Lokomotive wurde im Zusammenhang mit der zum Sommer 2007 geplanten Einführung des Wendezugbetriebes in den Fuhrpark aufgenommen. Am 25. März 1994 setzte die Kleinbahn im Beisein des niedersächsischen Verkehrsministers den neuen Fahrzeugpark öffentlich in Betrieb und ist nun zugelassen mit der Geschwindigkeit von 50 km/h.

Im Jahr 2020 erhielt der Wagenpark erneut Zuwachs, diesmal sogar aus dem eigenen Hause. In Eigenregie entwickelte und baute die Borkumer Kleinbahn und Dampfschiffahrtsgesellschaft mbH einen neuen Waggon. Im Prinzip handelt es sich um einen Nachbau der Reisezugwagen Bauart »Bautzen« aus den Jahren 1993 und 1994. Die Fertigung des neuen Prototypens erfolgte zu großen Teilen bei der Christoph Schöttler Maschinenfabrik GmbH. Der neue Waggon »Borkumer Kleinbahn« verfügt mit 13,25 m Länge und 2,4 m Breite über die Abmaße seiner Vorgänger. Der Innenraum orientiert sich mit Längs- und Querbänken ebenfalls am historischen Vorbild. Wegen des Nordseeklimas wurden nichtrostende Materialien verwendet und das Fahrzeug mit einem speziellen Lack versehen. Es verfügt über 44 Sitzplätze im Innenraum und acht auf den Perrons. Die Borkumer Kleinbahn investierte rund 500.000 Euro.

Fahrzeugbestand der Borkumer Kleinbahn 2024

7	Diesellokomotiven
1	Dampflokomotive
1	Triebwagen
29	Personenwagen, vierachsig
3	Personenwagen, zweiachsig
4	Sonderwagen (für mobilitätseingeschränkte Fahrgäste), vierachsig
3	Schwergutflachwagen, vierachsig
2	Gepäck-/Güterwagen, zweiachsig
2	Linienbusse 12 m Elektro
1	Linienbus 12 m Diesel
1	Linienbus 18 m Diesel
1	Oldtimerbus O3500 BJ 1951
1	Wegebahn / Bimmelbahn

Vor der Fähre BORKUM wartet die MÜNSTER II, damit sie Besucher und Einwohner in die Stadt bringen kann (1991).

Die ehemalige Borkumer Ostlandbahn der Marine wurde nach dem Zweiten Weltkrieg stillgelegt, allerdings nutzte die Inselbahn die an dieser Strecke gelegene Marine-Werkstätte »Barbaraweg« noch bis 1958. Übrig blieb von der Ostlandbahn ein Gleisstück im Straßenplanum ab Bahnhof Borkum, das als Ausziehgleis genutzt wird. Hier der T 2 am 3. Mai 1975 auf diesem Gleisstück, Blick in Richtung Bahnhof.

Foto: D. Riehemann

Bezeichnung[1]	Bauart	Hersteller	Baujahr	Fabriknummer
Dampflokomotiven				
Melitta	Bn2t	Krauss	1876	631
Moritz	Bn2t	Krauss	1876	479
Borkum	Bn2t	Krauss	1888	1933
Emden	Bn2t	Hoh	1906	2037
Aurich	Bn2t	Hoh	1906	2039
Münster	Bn2t	Hoh	1925	4509
Leer	Bn2t	O & K	1925	10925
Borkum[II]	Bn2t	O & K	1937	13051
Dollart	Bn2t	O & K	1940	13571
Triebwagen				
1	AA	Wis	1940	21145
2	AA	Wis	1939	21123
3	A1	HamD	1937	
Diesellokomotiven				
Emden[II]	B-de	Hen, SSW	1942	25955
Leer[II]	B-dem	DWK	1934	551
Münster[II]	B-dh	Schö	1957	1989
Emden[III]	B-dh	Schö	1970	3222
Hannover	B-dh	Schö	1993	5342
Berlin	B-dh	Schö	1993	5343
Münster[III]	B-dh	Schö	1994	5385
Aurich[II]	B-dh	Schö	2007	6073

1	Anschrift am Triebfahrzeug in Großbuchstaben
DEV	Deutscher Eisenbahn-Verein e. V., Bruchhausen-Vilsen
DGEG	Deutsche Gesellschaft für Eisenbahngeschichte e. V.
HamD	Hamburger Draisinenbau Dr. Alpers
Hen	Henschel-Werke AG., Kassel
Hoh	Hohenzollern Aktiengesellschaft für Lokomotivbau, Düsseldorf-Grafenberg

Bemerkungen
Baulokomotive, 1908 ausgemustert, 1910 an Habich & Gote verkauft
Baulokomotive, 1925 verkauft
vom Hersteller, 1925 bei O & K in Zahlung gegeben
1908 von Oxé, Auerbach & Co, Dortmund, 1948 angeblich als Heizlokomotive an Fischereigenossen Borkum
seit 1910 auf Borkum, 1954 ausgemustert
seit 1925 auf Borkum, 1954 ausgemustert
vom Hersteller, 1944 ausgemustert
vom Hersteller, 1968 ausgemustert und als Denkmal in Bevern aufgestellt
vom Hersteller, 1947 Inbetriebnahme, 1978 an Stadt Borkum verkauft, 1994 Denkmal in Borkum, 1995 im Dampflokwerk Meiningen aufgearbeitet für Einsatz auf Borkum, seit 25.3.1997 als »Borkum^{III}«. Hauptfeuerung mit Leichtöl, Heißdampfbetrieb (Bh2t), Einmannbedienung
vom Hersteller, zuerst als »T 1« bezeichnet, 1970 abgestellt, 1977 betriebsfähig an DGEG, dort nicht eingesetzt, 1997 zurück nach Borkum, Diesel- anstelle der Benzinmotoren eingebaut, wöchentlich einmal eingesetzt
1947 aus dem Inventar des Marine-Artilleriezeugamtes Borkum übernommen, 1970 abgestellt, 1974 zeitweise in Betrieb, 1978 zunächst an DEV Bruchhausen-Vilsen, später in Privatbesitz
1947 aus dem Inventar des Marine-Artilleriezeugamtes Borkum übernommen, Umbau zum Beiwagen 4, 1971 ausgemustert
als Ersatz für Dampflokomotive EMDEN
1947 aus dem Inventar des Marine-Artilleriezeugamtes Borkum übernommen, Ersatz für Dampflokomotive LEER
112 PS (82,38 kW)
1988 als Gebrauchtfahrzeug von Schöma übernommen
2006 - 2007 Bremsanlage und Getriebe für Zwei-Lokomotiv-Betrieb angepasst
Mit wassergekühlten Deutz-Motor 250 PS (183,39 kW) und 2 Fahrständen. Taufe auf dem Marktplatz von Aurich am 13.4.2007

Krauss	Lokomotivfabrik Krauss & Co, München
O & K	Maschinenbau und Bahnbedarf AG., vorm. Orenstein & Koppel, Potsdam-Babelsberg
Schö	Schöma Christoph Schöttler Maschinenfabrik GmbH, Diepholz
SSW	Siemens-Schuckert-Werke AG., Berlin
Wis	Triebwagen- und Waggonfabrik AG., Wismar

Die Lokomotive MÜNSTER II bringt den Zug aus der Stadt zum Hafen (1991).

Reisezugwagen, 1993 vom Waggonbau Bautzen geliefert			
Betriebsnummer	Bezeichnung am Wagen	Fabriknummer	Farbe; Bemerkungen
201	Woldedünen	01/93	gelb
202	Greune Stee	02/93	rot
203	Fischerbalje	03/93	blau
204	Steerenklip	04/93	purpur
205	Ostdünen	05/93	gelb
206	Upholm	06/93	rot
207	Waterdelle	07/93	blau
208	Sturmeck	08/93	purpur
209	Kobbedünen	09/93	gelb; Gepäck-Generatorwagen
211	Hoogehörn	11/93	gelb
212	Kiebitzdelle	12/93	rot
213	Hopp	13/93	blau
214	Hohes Riff	14/93	purpur
215	Olde Dünen	15/93	gelb
216	Ostland	16/93	rot
217	Tüskendöör	17/93	blau
218	Muschelfeld	18/93	purpur
219	Bantjedünen	19/93	gelb; Gepäck-Generatorwagen

Die Lok »EMDEN« hatte am 14. August 1993 einen Personenzug von der Reede zum Bahnhof bespannt und war auf der damals eingleisigen Strecke unterwegs. *Foto: D. Riehemann*

2.2 Juist (Spurweite 1000 mm)

An manchen Stellen ist die 16,4 km² Insel nur einen halben Kilometer breit, aber 17 Kilometer lang und damit die längste der ostfriesischen Inseln. Juist besitzt eine weitere Besonderheit: Die Insel hat den größten Südwassersee der Inseln Ostfrieslands.

Erst 1840 wurde Juist als Badeort entdeckt. Die Gäste mussten bei der Anreise knapp einen Kilometer vor der Insel das Fährschiff verlassen, das Tideniedrigwasser in der Fahrrinne ermöglichte nicht die Weiterfahrt an die Insel. Und so musste der Anreisende auf einen hochrädrigen Wattwagen übersteigen. Bei der Rückreise wiederholte sich die Pro-

Lok Heinrich (Deutz 1953) rangiert im Dorfbahnhof (Mai 1980). Sie stand zuvor schon bei den Herforder Kleinbahnen und der Sylter Verkehrs-AG im Einsatz. Seit 2010 gehört sie der Museumsbahn Chemin de Fer de la Baie de Somme, Saint Valery (Somme) in Frankreich (Mai 1980). *Foto: J. Krantz*

Dieser Blick bot sich bei Flut dem Triebfahrzeugführer auf dem Weg zum Juister Anleger (Mai 1980).
Foto: J. Krantz

zedur in umgekehrter Reihenfolge. Seit 1892 brachte ein 300 Meter langer aufgeständerter Steg, auf dem die Reisenden vom Schiff zum Wattwagen liefen, für sie eine gewisse Erleichterung. Zwar wurde die Insel mit Buhnen geschützt, dennoch schien ein fester Weg zwischen Anlegestelle und Insel nicht möglich zu sein. Trotz beschwerlicher An- und Abreise besuchten im Jahre 1900 immerhin knapp über 4500 Besucher – Tagesgäste eingerechnet – die Insel.

Die Konkurrenz auf den Nachbarinseln, die bessere Bedingungen geschaffen hatte, inspirierte dazu, auf der Insel Juist – so wie auf Borkum – ebenfalls eine Bahn einzurichten. Die Vorbilder hatten Pferdebahnen, also ging auf Juist auch eine in Betrieb, und zwar im Jahre 1898. Hier befand sich jedoch der Anleger im Watt, das Gleis zu ihm lag auf Pfählen, die Pferde liefen auf dem Wattgrund, ein wenig durch das Wasser und erkrankten an Rheuma. Die Idee für eine Eisenbahn auf die Insel, zumindest für den Anlegeranschluss im Watt, zu bauen, fiel nicht unter den Tisch. Mehr noch: In Juist galt im Wettbewerb gegenüber den anderen Inseln die Devise »überholen statt einzuholen«. Mit Dampfbetrieb

Lok Heinrich nähert sich mit ihrem leeren Gepäcktransportzug dem Anleger (Juni 1981).

Foto: P. Pekny, Slg. VFS

Der Juister Anleger lag immer im Wattenmeer, nicht auf der Insel. Auf der benutzten Postkarte ist gut zu erkennen, wie schmal die Insel ist.

Sammlung Böhm

Blick vom Schiff: Auf dem Anleger wartet ein Zug der Inselbahn auf die ankommenden Feriengäste (Mai 1980).
Foto: J. Krantz

Bahnhof Juist mit Triebwagen T 2 am 2. Mai 1975. Das Bahnhofsgebäude, ein schmuckloser Zweckbau, konnte eigentlich nur mit Kurzzügen komplett »ins Bild« gesetzt werden *Foto: D. Riehemann*

Blick vom Anleger in Richtung Insel: Ein Zug mit dem T 2 am Schluss bringt die Feriengäste zur Insel (Juni 1981).
Foto: P. Pekny, Slg. VFS

wollte man sich gar nicht erst beschäftigen. Bevor die Regierung ihr Einverständnis zu der Bahn gab, wurde schon Anfang 1899 eine Deutz-Diesellokomotive gekauft. Nach der Genehmigung für die Inselbahn – als Kleinbahn des öffentlichen Verkehrs eingestuft – fuhren die ersten Züge am 4. Juni 1899 vom Anleger zur Insel, aber nur bis zu ihrem Südrand, nicht jedoch in den Ort.
Die Dampfschiffreederei Norden hatte die Strecke für den Bahnbetrieb eingerichtet und betrieb diese auch. Dabei führte ein Drittel der Strecke auf der Pfahlstrecke über das Wattenmeer. Allerdings nicht einmal direkt bis an das Schiff und nur benutzbar bei niedrigem Tidewasserstand. Ohne auf dem Steg zu laufen, ging es hier nicht. Zudem spülte die Nordsee reichlich Sand in die Fahrrinne, sodass da Nacharbeiten erforderlich wurden wie auch Weiteres zu den Bauarbeiten gehörte, zum Beispiel die Gleisverlängerung bis zum Anleger und die Gleisfortsetzung auf die Insel. Die Bahn übernahm mit Muldenkippern die Baustofftransporte.

Der Erste Weltkrieg und die Jahre danach ließen den Badebetrieb ruhen, bis er in den 1930er-Jahren wieder auflebte. Der große Zuwachs an Inselgästen veranlasste die 1920 aus dem bisherigen Schiffseigentümer und der Inselbahn gebildete Norden-Frisia-Reederei, einige Erneuerungsarbeiten zugunsten der Inselbahn auszuführen. Dazu gehörten die Gleisanlagen, ein Wagenschuppen mit

Am 30. April 1979 war Sturmflut und das Wasser hatte bereits Teile der Inselbahnstrecke überflutet. Als letzte Fahrt vom Anleger bahnte sich die Lok »Carl« den Weg zum Dorfbahnhof. Nach der Fahrt durch das Deichtor schloss man dieses sofort (siehe unten).
Foto: D. Riehemann

Lok »Carl« hat das Deichtor am 30. April 1979 durchfahren, das sofort geschlossen wurde (siehe Bild oben). Die letzte Sicherheitskontrolle verfolgen die Urlaubsgäste aufmerksam – die Sturmflut kann kommen. *Foto: D. Riehemann*

Weg durchs Watt: Triebwagen T 5 nähert sich solo auf der Pfahljochstrecke dem Ufer (Juni 1981).

Foto: P. Pekny, Slg. VFS

drei Ständen und bis April 1936 das nunmehr dritte Stationsgebäude, jetzt ein Klinkerbau statt wie bisher aus Holz. Das zweite Bahnhofgebäude hatte 1919 dem Deichbau weichen müssen. Auch der vom Seewetter beschädigte Anleger wurde instand gesetzt und verstärkt. Die Reederei kam nicht umhin, sich um größere Fahrzeuge – Vier- statt Zweiachser – zu bemühen und ließ solche auf die Insel kommen, allerdings als gebrauchte, von Herbrand und in Gotha gebaute und bisher bei der Karlsruher Lokalbahn eingesetzt.

Und wieder war Krieg, der Badebetrieb unterbrochen. Bombenabwürfe beschädigten während des Zweiten Weltkriegs die Gebäude von Juist. Nach dem Kriegsende zerstörte 1947 auch noch das Eis den Anleger. Die Inselbewohner wollten nicht von der Außenwelt abgeschnitten sein und ließen einen Frachtkahn als Provisorium für den Anleger auf Grund setzen. 1949 erhielt die Insel wieder einen festen Anleger, diesmal stärker gebaut und über dem Watt gelegen mit drei Gleisen, einem Umfahrgleis und zwei Bahnsteigen aus-

Nachhaltige Transportkette: Flüssiges Ladegut wird nach der Ankunft auf den Pferdewagen umgeladen (Juni 1981).
Foto: P. Pekny, Slg. VFS

geführt. Die weiterhin aufgeständerte, über oder mitunter durch das Wattwasser führende Strecke wurde zum Markenzeichen der Insel.

Juist profitierte vom weiteren Zuspruch, der Personenverkehr wuchs, die Bahn brauchte stärkere Lokomotiven und erhielt sie zunächst mit einem 118 PS (87 kW) starken Exemplar. Durch Käufe bei Bahnen auf dem Festland konnte der Wagenpark vergrößert werden. Die Übernahme gebrauchter Fahrzeuge traf auch auf die Triebwagen zu, die die Inselbahn seit 1958 erhielt und mit Hilfe zwei solcher Fahrzeuge den scheinbaren Wendezugbetrieb (scheinbar, weil immer nur der jeweils vordere Triebwagen zog, während der hintere mit abgeschalteter Maschinenanlage mitlief) begann, so wie es andere Inselbahnen (Borkum, Langeoog) praktizierten. Die Triebwagen kamen von unterschiedlichen Bahnen, waren noch gar nicht so alt und in der Leistung den Diesellokomotiven überlegen [stärkste Motorlokomotive auf Juist 88 kW (120 PS), stärkster Triebwagen 107 kW (146 PS)],

Der Gepäckwagen bringt die Koffer der Reisenden zum Dorfbahnhof. Am Schluss des Zuges rollt der Triebwagen T 1 (Mai 1980). *Foto: J. Krantz*

besaßen außerdem noch Sitzplätze. Fuhren die Diesellokomotiven in Grün, die Wagen für den Personenverkehr in einer gelblichen Farbe, galt mit den Triebwagen nun ein graublauer Farbanstrich einheitlich für Triebwagen und Wagen. Die alten Karlsruher wurden in der Reederei-Werkstatt auf Norderney »modernisiert«, mit der Instandsetzung entfiel die Plattform. Noch 1971 landete auf Juist ein Talbot-Triebwagen (von der Sylter Verkehrsgesellschaft), der die Betriebsnummer 5 erhielt. Die Käufe gebrauchter Fahrzeuge für den Personenwagenpark gingen weiter. Für ewige Zeiten konnte die Inselbahn jedoch nicht mit veralteten Wagen fahren, mögen sie auch umgebaut oder aufgehübscht sein. Für Neues waren die Eigentümer schon aus Gründen der Wirtschaftlichkeit nicht bereit, dafür sprach auch nicht der Zeitgeist. Die Fördermittel wurden verwendet, eine neue Fahrrinne freizulegen und einen neuen Hafen zu bauen. Die Neubauten befreiten jedoch nicht von dem Zwang, dass die Schiffe weiterhin die Tidezeiten berücksichtigen müssen. Mit dem neuen Hafen kam das Aus für die Inselbahn mit offizieller Veranstaltung am 24. März 1982.

Bereits am 10. März 1982 waren die letzten Züge gefahren. Der im Wattenmeer stehende Anleger und die Pfahlstrecke zur Insel sind seit dem Geschichte.

Bezeichnung	Bauart	Hersteller	Baujahr	Fabriknummer	Bemerkungen
Benzol- und Diesellokomotiven					
Ricklef	B-vm	Deutz	1899	16	Bzl, an Flughafen Sylt
Adolf	B-vm	Deutz	1902	49	Bzl, + vor 1939
Hermann	B-vm	Deutz	1913	1255	Bzl, + vor 1939
Paul	B-dm	KHD	1925	6630	Bzl, 1927 umgestellt auf Diesel, ++ 1967
Carl	B-dm	KHD	1936	12611	Dl, 1968 an, 1968 an Firma Döpke in Norden verkauft
Heinrich	B-dh	KHD	1952	46841	1971 an DB für Wangerooge verkauft
Carl II	B-dh	KHD	1951	47165	1956 von Herforder Kleinbahn, 1982 verkauft
Heinrich II	B-dh	KHD	1953	55486	1970 von Sylter Inselbahn, 1982 verkauft
Triebwagen					
T1	(1A)'(A1)'-dm	Tal	1950	94431	1958 von Eckernförder Kreisbahn, 1982 an Märkische Museumsbahn, Plettenberg
T2	(1A)'(A1)'-dm	Tal	1950	94429	1959 von Euskirchener Kreisbahn, 1982 an DEV Bruchhausen-Vilsen
T3	(1A)'(A1)'-dm	Tal	1950	94434	1960 von Geilenkirchener Kreisbahnen, ++ 1981
T4	(B)'(B)'-dm	Tal	1955	97520	1961 von Kreis-Altenaer-Eisenbahn, 1982 nach Langeoog
T5	(1A)'(A1)'-dm	Tal	1950	94430	1971 von Sylter Verkehrsgesellschaft mbH, ++ 1983

Bzl	Benzollokomotive
DEV	Deutscher Eisenbahn-Verein
Deutz	Deutz, Köln (in KHD aufgegangen)
KHD	Klöckner-Humboldt-Deutz AG
Tal	Waggonfabrik Talbot, Aachen

Blick auf die Betriebswerkstatt am 30. April 1979, wo der T 4 (rechts) mit Kesselwagen rangierte.

Foto: D. Riehemann

2.3 Norderney
(Spurweite 1435 mm)

Norderney ist eisenbahnhistorisch ein Paradoxon: Die 26,3 km^2 große Insel besitzt eine ehemalige Eisenbahnstrecke, die aber niemals Reisende beförderte, und ein Bahnhofsgebäude, das niemals einen Gleisanschluss besaß.

Die jüngste der ostfriesischen Inseln ist gleichzeitig das älteste Nordseebad, denn bereits seit dem Jahr 1797 darf die Insel diesen Titel für sich beanspruchen, wurde doch in jenem Jahr die »Wohlthätige Seebadeanstalt« eröffnet, und Norderney – abgeleitet aus dem Friesischen ins Hochdeutsche mit Nordens neue Insel oder neue Norder Insel – wurde Ziel gut betuchter Badegäste. Es liegt nur fünf Meter über Normalnull und besitzt auf der Nordseite einen 14 Kilometer langen Sandstrand. Mehrmals bemühte sich Norderney um eine Bahn und erhielt aus Aurich, dem Sitz der preußischen Verwaltung Ostfrieslands, keine Zustimmung. Die preußische Eisenbahndirektion baute etwas voreilig auf Norderney ein Stationsgebäude. Noch heute wird es für den Fahrkartenverkauf benutzt.

Eisenbahngleise erhielt die Insel im Ersten Weltkrieg. In Normalspur baute das Militär einige Verzweigungen aus, die bei der Vorbereitung des Zweiten Weltkriegs vermehrt und für den Materialtransport benutzt wurden. Eine Dampflokomotive wäre ausreichend gewesen. Nicht Genaues ist bekannt, alles war geheim, nicht für die Öffentlichkeit bestimmt, und mitfahren durften nur Militärangehörige, nicht Inselgäste. Während des Zweiten Weltkriegs war Norderney für Zivilgäste gesperrt. Mit der von der Besatzungsmacht befohlenen Entmilitarisierung hörte die Militärbahn auf zu bestehen. Norderney entwickelte sich zur Autofahrerinsel.

Bade-Kutschen der See-Badeanstalt auf der Insel Norderney um 1820

Der Hafen von Norderney besitzt keinen Eisenbahnanschluss. Foto: Von Nils Klaproth, permission given - Eigenes Werk, CC BY-SA 3.0, https://commons.wikimedia.org/w/index.php?curid=693412

Das Seehospiz auf Norderney um 1885

Haltestation der ehemaligen Marinebahn der Seefestung Norderney Foto: Dietmar Rabich, CC BY-SA 4.0, https://commons.wikimedia.org/w/index.php?curid=72216015

2.4 Baltrum (Spurweite 600 mm)

Baltrum hat nur eine Fläche von 6,5 m^2 (zum Vergleich: Borkum ist 30,7 m^2 groß). 1825 zeriss eine Sturmflut die Insel in zwei Stücke und ließ einen Teil in den Fluten versinken. Das kleine Eiland in der Nordsee wird von den Feriengästen geschätzt, die zumindest für kurze Zeit die Abgeschiedenheit und Ruhe suchen. 300 Meter Gleis in der Spurweite der Feldbahnen genügte für die kleinste Insel Ostfrieslands. Die Bahn – für Mitfahrten beim öffentlichen Personenverkehr nicht zugelassen – transportierte von 1949 bis 1985 Güter und das Gepäck der Feriengäste zwischen Anleger und Gütersammelstelle. 1960 erhielt die Insel einen neuen Anleger und einen neuen Güterschuppen. Zugleich wurde die Bahn erneuert und mit zwei Gleisen verlegt: eines zum Güterschuppen der Reederei Baltrum-Linie GmbH & Co. KG. und eins zum Bauhof des Was-

Gepäcktransport ohne Eisenbahn: Die Baltrum II löscht ihre Ladung. Foto: Von Leineabstiegsschleuse - Eigenes Werk, Gemeinfrei, https://commons.wikimedia.org/w/index.php?curid=11388187

Mit einer Größe von 6,5 km² ist Baltrum die kleinste ostfriesische Insel. *Foto: Von Huebi - Eigenes Werk, CC BY 2.5, https://commons.wikimedia.org/w/index.php?curid=1003597*

ser- und Schifffahrtamtes. Zwei Lokomotiven reichten aus, eine für die Gepäckloren, auf denen sich die Paletten befanden, und eine für spontane Fahrten des Amtes. Sonst schafften Pferdewagen die kurze Entfernung zwischen Anleger und Inseldorf.

Ort und Insel kommen ohne Autos aus und werben mit dem Slogan »Insel der kurzen Wege«. Deshalb war im Jahre 1985 mit der Eisenbahn auf Baltrum Schluss. Die Anreise findet nach einem Tidefahrplan von Neßmersiel aus statt.

Bauart	Hersteller	Baujahr	Fabriknummer
B-dm	Schöma	1949	1059
B-dm	Schöma	1960	2289
B-dh	Schöma	1965	2908

2.5 Langeoog (Spurweite 1000 mm)

Früher war die Reise nach Langeoog recht abenteuerlich. Noch auf dem Festland musste man auf schmaler Spur ans Nordseewasser reisen, nämlich mit der Kleinbahn Leer – Aurich – Wittmund (LAW) nach Bensersiel. Zudem war das Datum des Reisetages wichtig, denn die Gezeiten sorgten Tag um Tag für veränderte Fahrplanzeiten. Schließlich brauchte die Fähre genug Flutwasser. Das Beste stand den Reisenden noch bevor, denn die 19,7 km² Insel Langeoog hatte keinen Hafen. Vor ihr mussten Ankommende auf hochrädrige Karren umsteigen, die sie

Einst typisches Bild auf der Insel Langeoog: zwei Triebwagen und zwischen ihnen Wagen. Nach der Neubeschaffung von Diesellokomotiven wurden die Triebwagen 1995 an die Harzer Schmalspurbahnen abgegeben (1991).

Foto: E.Preuß

Wie auf anderen Inseln mit Bahn- und Fährverkehr haben die Gäste einen kurzen Weg zwischen den Verkehrsmitteln (2010).

danach ans trockene Ufer beförderten. Ein kleiner Fortschritt stellte die 1901 in Betrieb genommene 3,5 Kilometer lange Pferdebahn nach und durch den Ort dar.

1927 übernahm die Inselgemeinde den Schiffsbetrieb. Die großen Nordsee-Unwetter von 1936 zerstörten die Anlagen und die Pferdebahn. Solchen Schicksalsschlägen bereitete die Gemeinde ein Ende, indem sie die Strecke im Watt neu herrichten ließ, am Anleger im Nordseewasser aber festhielt. Auf der Insel sollten nicht mehr die Pferde, sondern zwei kleine Diesellokomotiven von Deutz die von der Steinhudermeerbahn gebraucht beschafften Wagen ziehen. Der 15. Juli 1937 war der Tag der Inbetriebnahme der neuen Bahn mit der in Meterspur ausgeführten Strecke, die fortan den Ort nicht mehr durchquerte, sondern ihre Endstation am vorderen Ortsrand betrieb. Durch den späten Übergang vom Pferde- zum Dieselantrieb entfiel für Langeoog der Einsatz von Dampflokomotiven.

Die starken und unterschiedlichen Farben der Fahrzeuge heben den Zug in der Landschaft heraus (2010).

Nachschuss: Kö 4 mit einem geschobenen Gepäckzug, im Sichtabstand voraus die Loks 2 und 5 mit einem Personenzug (8. Juli 1995). *Foto: D. Riehemann*

Bis 1936 war die An- und Abreise zwischen Schiff und Dorf mit der Pferdebahn üblich. Nach den Zerstörungen durch eine große Flut endete der Zwei-PS-Betrieb. *Sammlung Wagner*

Mit der militärischen Aufrüstung der Insel wurde die Bahn zivilen Zwecken entzogen, sie hatte Baustoffe für die Militärbauten zu transportieren. Das Militär baute für sich einen Inselhafen, der nach dem Krieg für Schiff und Bahn umgestaltet wurde. Die Gemeinde beschaffte gebrauchte Fahrzeuge von anderen stillgelegten Schmalspurbahnen auf dem Festland, leistete sich auch eine neue Lokomotive mit 120 PS (88,32 kW) Leistung und gebrauchte Triebwagen, die außerhalb der Saison genügten und mit zusätzlichen Wagen fuhren. Die Inselbahn wird nicht nur von den Urlaubern und Tagesausflüglern benutzt, die rasch vom Schiff ins Dorf wollen, sie transportiert auch Güter und vor allem das Reisegepäck. Aktuelle Sicherheitsvorschriften erlauben nicht, dass solches Gepäck auf das Schiff getragen wird. Es muss vor der Fahrt aufgegeben, in Container verstaut und auf dem Schiff gesondert untergebracht werden. Deshalb fahren die Pendelzüge auch mit Flachwagen für die kleinen Container. Auf der Insel sieht man außer den bunten Zügen, eine Vielzahl an Radfahrern und einige mit Elektromotor betriebene Lastkraftwagen, diese für

Blick auf den Anleger mit VT 3 vor einem Inselbahnzug am 18. September 1976. Damals stieg man direkt vom Schiff in den Zug um und umgekehrt. Foto: D. Riehemann

Die 1995 bei Schöma gebaute Lokomotive mit der Leistung von 277 PS (204 kW) ist direkt an die Inselbahn geliefert worden (2010).

Kö 3 mit einem Gepäckzug am Hafen am 18. September 1976. Damals wurde noch jeder Koffer per Hand ein-, aus- und umgeladen. Foto: D. Riehemann

Der Zug bringt erholte Gäste zur Fähre. Zug am Anleger mit Lokomotive Nr. 2 und am Schluss Nr. 4 (2010).

die Versorgung der Insulaner und der zahlreichen Feriengäste.
Von den Gezeiten mit den täglich wechselnden Abfahrzeiten der Schiffe machte sich die Gemeinde Langeoog im Jahre 1976 unabhängig, indem sie eine Fahrrinne zwischen Bensersiel und dem Anleger an der Insel bis auf 3,80 Meter unter Normalnull ausbaggern ließ. 200.000 m^3 Schlick mussten dafür gehoben werden. Die Fahrrinne erlaubt, den Schiffen und der Bahn für jeden Tag gleiche Abfahrzeiten. Inselbahn und Schiffe gehören zusammen der Inselgemeinde. Die Feriengäste und Tagesbesucher reisen über Bensersiel an, wo die Gemeinde an der Anlegestelle der Fährschiffe im Jahr 2010 mit Fördergeldern des Bundeslandes Niedersachsen neue Gebäude errichtete. Im Hafengelände der Insel überspannt seit 2000 eine 47 Meter lange, 4,2 Meter hohe Holzbrücke die Gleise. Ebenfalls der Bahnhof in Langeoog wurde umgebaut und der Fahrzeugpark erneuert, diesmal jedoch mit fabrikneuen Fahrzeugen. Die Borkumer Lösung mag dabei Pate gestanden haben, allerdings bezog die Inselgemeinde Langeoog die Personenwagen aus Bremen, musste sie auf der Insel jedoch aus Bausätzen selbst zusammenfügen, da der Hersteller in Insolvenz ging. 70 Prozent der Herstellungskosten übernahmen der Bund und das Land Niedersachsen. Fünf Lokomotiven lieferte die Firma Schöma.

Blick auf den Hafenbahnhof mit dem VT 3 vor einem Reisezug (am Zugschluss der VT 1) am 26. August 1989.
Foto: D. Riehemann

Der Zug fährt durch den Deichschart, der bei Sturmflut geschlossen wird und Land und Ort vor dem Meereswasser schützen soll. Vorn zieht Lokomotive Nr. 4, hinten schiebt Lokomotive Nr. 5 (2010).

Zwischen Dorf und Anleger verkehrten bis 2008 auch ausschließlich für den Güterverkehr bestimmte Züge, hier mit der als Kö 4 bezeichneten zweiachsigen Diesellokomotive, die inzwischen mit dem roten Farbanstrich den anderen Lokomotive angepasst wurde (1995).

Wie auf Borkum fahren die Züge in Sandwich-Zugbildung, also beiderseits mit einer Lokomotive. Mit diesem Verfahren können zwei Züge 850 Personen befördern, soviel wie eine Fähre aufnimmt. Die neuen Lokomotiven mit Mittelführerstand sind mit einer Duplin-Verbindung für die Mehrfachtraktion ausgestattet, mit Gleit- und Schleuderschutz und mit einer Fahr- und Stillstandsüberwachung, die Lokomotiven 1 bis 5 zudem mit einem Hilfsgenerator für die Zugheizung und die Beleuchtung. Jedoch haben nur drei Lokomotiven elektrische Kupplungsdosen, um die doppelte Einspeisung auszuschließen. Sie besitzen eine Knorr-Einkammerpersonenzugbremse, eine Federspeicherbremse mit Bremszange auf die Radsätze als Feststellbremse und werden zugleich mit der Bremsleitung des Systems Scharfenberg gekuppelt. 1991 ging der neue Betriebshof am Dorfbahnhof in Betrieb. Seine Wagenhallen schützen nun bei Stillstand die Fahrzeuge vor der aggressiven Salzluft. Das neu errichtete Stationsgebäude wurde 1996 fertig. Während für Ein- und Ausstieg ein Gleis genügen muss, liegen im Betriebshof zahlreiche Gleise zu den Hallen und für Rangierarbeiten. Eine einzige wuchtige Halle verbot sich gegenüber dem Ortsbild. Deshalb gibt es im Betriebshof mehrere Gebäude, und zwar eine dreiständige Wagenhalle (Gleise 5 bis 7), eine Waschhalle (Gleis 8), eine Werkstatthalle (Gleis 9) und eine Lackierhalle (Gleis 10).

Wagen der Inselbahn Langeoog

Technische Daten

Die Länge über Kupplung beträgt jeweils 8,50 Meter, der Achsstand 3,30 Meter, die Breite 2,70 Meter, das Gesamtgewicht 26 Tonnen. Die Höchstgeschwindigkeit ist mit 48 km/h festgelegt, gefahren wird mit höchstens 25 km/h.

Anstrich

Aufbauten feuerrot (RAL 3000), Fahrgestell schwarz (RAL 9005), Dach grauweiß (RAL 9002) und die Beschriftung in Weiß (RAL 9010), sonst unterschiedlich. Die zwei Wagen in Feuerrot haben Mitteleinstieg mit Rampe.

Blick vom Anleger auf den Inselbahn-Bahnsteig am 2. Mai 1981. Am Bahnsteig, damals erst mit einer Bahnsteigkante, wartet der VT 1 mit einem Personenzug.

Foto: D. Riehemann

Triebfahrzeuge auf der Insel Langeoog

Betriebs-nummer	Bauart	Hersteller	Baujahr	Fab-riknummer	Bemerkungen
Lokomotiven					
Kö 1	B-dm	Deutz	1937	18444	120 PS (88,3 kW), 1956 bei Schöma für neue Kö 1 in Zahlung gegeben
Kö 1 II	B-dh	Schö	1956	1738	100 PS (74 kW)
Kö 2	B-dm	Deutz	1937	18443	50 PS (36,8 kW), seit 1987 Denkmal am Dorf-bahnhof
Kö 3	B-dh	Schö	1948	900	150 PS (204 kW), 1995 an Firma Hywema, So-lingen
Kö 4	B-dh	Schö	1965	2860	88 PS (65 kW), 1981 von Spiekeroog
1	B-dh	Schö	1994	5344	277 PS (204 kW)
2	B-dh	Schö	1994	5345	277 PS (204 kW)
3	B-dh	Schö	1995	5346	277 PS (204 kW)
4	B-dh	Schö	1995	5347	277 PS (204 kW)
5	B-dh	Schö	1995	5348	277 PS (204 kW)
Triebwagen					
VT 1	B'B'	Talb	1955	97519	2 x 145 PS (2 x 103 kW), 1961 von Kreis-Altenaer Eisenbahn, 1995 über DB Spezialwerk Halber-stadt an HSB
VT 2	1'AA1'	Talb	1950	94433	2 x 140 PS (2 x 103 kW), 1966 von Ruhr-Lippe-Eisenbahn
VT 3	B'B'	Fuchs	1955	9107	2 x 210 PS (2 x 154 kW), 1976 von Württember-gischer Eisenbahngesellschaft, 1995 über DB Spezialwerk Halberstadt an HSB
VT 4	B'B'	Talb	1955	97520	2 x 145 PS (2 x 103 kW), 1982 von Juist, seit 1985 in Betrieb, 1995 über DB Spezialwerk Halberstadt an HSB
-	A1-dm	Schö	1973	3431	Kleintriebwagen vom Hersteller, 1989 abgestellt, 1993 zerlegt

DB Deutsche Bahn
Deutz Klöckner-Humboldt-Deutz AG, Köln
Fuchs Waggonfabrik Fuchs, Heidelberg
HSB Harzer Schmalspurbahnen GmbH
Schö Schöma Christoph Schöttler Maschinenfabrik GmbH, Diepholz
Talb Waggonfabrik Talbot, Aachen

2.6 Spiekeroog (Spurweite 1000 mm)

Seit 1972 gilt Spiekeroog als anerkanntes Nordsee-Heilbad. Geschätzt wird von den Besuchern und Insulanern die Ruhe und der reichlich vorhandene Grünbewuchs auf der 18,3 km^2 großen Insel: Wald bedeckt vielfach die Dünenlandschaft. Er wurde als Schutz gegen Flugsand und Wanderdünen angelegt. Kein Auto und kein Luftfahrzeug im Anflug auf einen Flughafen gibt es hier.

Die Dieselmotoren der verschiedenen Triebfahrzeuge sollen sogar einer der Gründe für das Aus der Inselbahn gewesen sein, so besorgt waren die Inselbewohner um die Stille über der Landschaft. Fahrend bewegten sich nur die Menschen, Pferdegespanne und Bollerwagen und die den Einheimischen vorbehaltenen Fahrräder über Spiekeroog, aber wenigstens fuhr eine Bahn an den Strand. Denn außer einer von einem Bauunternehmer mit Pferdekraft betriebenen Materialbahn zum Wattenmeer gab es auf 1,66 Kilometer die Pferdebahn, seit 1885 für Fahrten vom Dorf zu dem Strand, der für das Männerbaden vorgesehen war. Frauen und Kinder mussten einen halben Kilometer vorher aussteigen, um an die für sie ausgewählte Stelle zu gelangen. Das prüde Kaiserreich erlaubte erst später »unzüchtige« Familienstrände. Dabei bedeckten die Badeanzüge bei Mann und Frau fast den gesamten Körper. Einen Familienstrand gab es auf Spiekeroog erstmals im Jahre 1912.

Die Pferdebahn auf der Strandstraße fuhr nur im Sommer. Hier liefen die Pferde auf einer festen Grasnarbe. 1881 wurde ein erster Anleger – allerdings im Wattenmeer vor der Insel gelegen – fertig, der aber noch ohne Gleisanschluss war. Wenigstens hatte das Ausbooten im Wattenmeer ein Ende. Der Ankommende stieg nicht mehr vom Schiff auf einen hochrädrigen Wattwagen, sondern auf den Anleger um. Dass dem Anleger zumindest ein Eisenbahnanschluss fehlte, merkten die Spiekerooger bald, der umständliche Materialtransport mit Pferdegespannen wurde in Kauf genommen. Man kannte es nicht anders. Auch der im Watt frei stehende, nur im Sommer benutzbare Anleger musste für die Materialbahn ausreichen. Am 18. Juli 1896 ging die 1,82 Kilometer lange Strecke West – Anleger (im Watt!) in Betrieb, das Materialgleis lag mit einem auf Pfählen aufgeständerten Gleis über dem Watt. 1908 erhielt Spiekeroog einen Bahnhof mit Fahrkartenausgabe und Gepäckabfertigung. Zu den Fahrten zwischen Anleger und Bahnhof wurde auch das Gleis zum Herrenbadestrand bedient.

Der T 5 ist auf dem Weg zum Spiekerooger Anleger (Mai 1980). *Foto: J. Krantz*

Baustellenschild für den neuen Spiekerooger Hafen, dessen Fertigstellung dann das Ende der Inselbahn bedeutete (1. Mai 1980). *Foto: D. Riehemann*

Verstärkungswagen werden für die Hochsaison bereitgehalten (1969). *Foto: Stefanski*

T 5 an einem trüben Herbsttag auf der Fahrt vom Anleger zum Dorfbahnhof am Hp West (15. Oktober 1977.
Foto: D. Riehemann

Drei Wagen genügten für den Pferdebahnbetrieb, denn die Anzahl der Badegäste war nicht groß, aber an den Strand erübrigte sich zumindest ein Fußmarsch. Die Bahn gehörte der »Bad und Reederei Spiekeroog GmbH«.

Im Lauf der Zeit störte der Bahnhof in der Ortsmitte, er wurde 1924 an den Rand des Ortes verlegt und gleichzeitig das Gleis am Anleger verkürzt. 1926 beschädigten Stürme das Bauwerk, ein neuer Anleger entstand, wiederum für ein Pferdebahngleis auf dem Wattboden, damit auf diese Weise bei günstigen Wasserverhältnissen zwischen Schiff und Pferdebahn gewechselt werden und die Benutzung der Wattkarren entfallen konnte. Stürme ramponierten erneut die Insel, der Herrenbadestrand musste in die Dorfnähe verlegt und die Strandbahn aufgegeben werden.

1947 hatte Spiekeroog den – wie man meinte – letzten Pferdebahnbetrieb. Es war Deutschlands letzter im Planbetrieb. Der Anleger im Watt wurde verstärkt, die Strecke zur Insel auf Pfahljoche montiert. Das Wattgleis musste nicht mehr benutzt werden. Die Insel erhielt einen auch für die Bahn geeigneten Anleger. Zugunsten einer Eisenbahn war die Entscheidung gefallen. Eine Diesellokomotive und ein Triebwagen kamen an, sie waren bisher auf der Nachbarinsel Wangerooge gefahren. Am 1. Juni 1949 begann auf Spiekeroog das Zeitalter der Eisenbahn. Die Insel erfreute sich wachsender Beliebtheit. Acht Jahre später wurden weitere Fahrzeuge angeschafft, auch eine neue Lokomotive von der Firma Schöma. Wieder baute man ein neues Bahnhofsgebäude mit Gepäckhalle am Ortsrand und diesmal eben für die Eisenbahn. Die Strecke wurde verkürzt. Das war 1958, vier Jahre später erhielt der Bahnhof eine Wagenhalle mit Werkstatt. Am Westrand der Insel ließ sich nach der großen Sturmflut von 1962 das Wasser- und Schiffahrtsamt (WSA) Norden nieder und veranlasste 1963 den Bau eines höheren Anlegers neben dem bisherigen für eine eigene Strecke, die als Materialbahn vorgesehen war. So lagen für die Inselbahn zwei Strecken im westwärts gerichteten Bogen, die bei der Station Zeltplatz und West verzweigten. Vom Anleger gesehen vor der Station West befand sich der Bauhof des Amtes, eingerichtet für die Befestigungsbauten, die künftig Sturmfluten abwehren sollten.

Das Amt erlaubte 1965, dass der öffentliche Zugbetrieb ebenfalls die besser verlegte WSA-Strecke benutzen durfte. Damit wurde die bisher von den Zügen des allgemeinen Ver-

Am Haltepunkt (Hp) Zeltplatz zweigte das Gleis des Wasser- und Schifffahrtsamtes (WSA) ab, das die Inselbahnstrecke dann am Hp West wieder erreichte. In das Gleis war die Lok 5 auf der Fahrt zum Anleger am 2. Mai 1980 ausgewichen, um den zum Dorfbahnhof fahrenden Zug mit T 5 passieren zu lassen *Foto: D. Riehemann*

Schnurgerade führt die Strecke zum Anleger. Links ist die alte Strecke zu sehen (Mai 1980). *Foto: J. Krantz*

Die Loks 6 (links) und 4 stehen am 3. Mai 1980 im Dorfbahnhof. *Foto: D. Riehemann*

Lok 6 (Schöma 1965) wartet mit ihrem Güterzug auf die Beladung. 1981 erwarb die Inselbahn Langeoog die Lok und ließ sich 1999 vom Hersteller modernisieren (Mai 1980). *Foto: J. Krantz*

kehrs befahrene Strecke aufgegeben. Zu dem Zeitpunkt gehörte die Inselbahn der »Nordseebad Spiekeroog GmbH«. Auf der Insel sollte es jedoch ruhiger zugehen. Die störenden Dieselmotoren der Züge wurden doch nur für das Pendeln zwischen Dorf und Anleger angestellt. Warum nicht den Anleger in Dorfnähe bauen und auf die Transporte durch die Inselbahn verzichten? Gesagt und 1979 schließlich getan. Spiekeroog erhielt den neuen Anleger am Dorf, dem aber die tiefe Fahrrinne fehlte und mit dem der Tidefahrplan kein Ende hatte. Jedoch wurde die Inselbahn nicht mehr gebraucht. Es war nicht nur die Ruhe, die zur Stilllegung führte. Der Eisenbahnbetrieb wurde der Inselgemeinde zu teuer. Außerdem versandeten Fahrrinne und Hafen. An anderer Stelle wäre man nicht den Naturkräften ausgesetzt. Der 29. Mai 1981 wurde zum offiziellen Betriebsende, und bis 1985 waren die Gleise weitgehend abgetragen. Die Lokomotive 4 und drei Wagen blieben als Denkmal erhalten. Da sie aber im Freien standen, setzte ihnen das Seeklima stark zu. In dem Zustand übernahm der Deutsche Eisenbahnverein von Bruchhausen-Vilsen, der sich schon vorher darum

Der »Rote Zug« hatte am 15. Oktober 1977 soeben den Anleger verlassen, auf dem noch der »Grüne Zug« mit Lok 6 stand und der alsbald ebenfalls die Fahrt zum Dorfbahnhof antrat. *Foto: D. Riehemann*

Dem Triebwagenführer des T 5 am 3. Mai 1980 auf der Fahrt zwischen Dorfbahnhof und Haltepunkt West über die Schulter geschaut *Foto: D. Riehemann*

Die neue Pferdebahn benutzte den Wagen 7 (Mai 1981). *Foto: P. Pekny, Slg. VFS*

T 5 am 3. Mai 1980 mit Zug zum Dorfbahnhof zwischen Zeltplatz und dem Haltepunkt West

Foto: D. Riehemann

bemüht hatte, die Fahrzeuge. Er erhielt von Spiekeroog außerdem die beiden Reisezugwagen 12 und 13 sowie den Güterwagen 31. Mit dem Einstellungstag im Jahre 1981 lebte der Pferdebahnbetrieb wieder auf (mehr dazu im Abschnitt 5).

Die Diesellokomotive Nr. 4 mit der Leistung von 80 PS (58,9 kW) fiel mit ihrem großen Vorbau auf, der dem Lokomotivführer eine gute Sicht beim Rangier bieten sollte. In dem Vorbau befanden sich der Dieselmotor, Hilfseinrichtungen und die Steuerung. Mit Blindwelle und Stangen wurde die Lokomotive angetrieben. Personenwagen waren von der Pferdebahn übernommen und von den Firmen Stilkenboom (Norden), Herbrand und Weyer bezogen worden. Güterwagen lieferten Schöndorf, Hoffmann, Herbrand, Dortmunder Union, Waggonfabrik Ludwigshafen, ebenso wurden später Wagen anderer Schmalspurbahnen bezogen.

Die Gleislage im Inselbahnhof erinnert eher an eine Modelleisenbahn (Mai 1980). *Foto: J. Krantz*

Triebfahrzeuge der Inselbahn Spiekeroog

Bezeichnung	Bauart	Hersteller	Baujahr	Fabriknummer	Bemerkungen
1	A1-dm	DH	1935	314	1949 von Wangerooge (ex Marinebestand); + 1971
2	B-dm	Deutz	1941	36708	1949 von Wangerooge, 1969 an Deutschen Eisenbahnverein in Bruchhausen-Vilsen
4	B-dh	Schöma	1957	2005	
5	B'2'-dm	Wis	1933	20222	Triebwagen, 1963 von EPG, 1981 nach Wangerooge als 699 001 (ab 1992: 699 101); 1993 an DEV Bruchhausen-Vilsen
6	B-dh	Schöma	1965	2860	1981 nach Langeoog

Deutz Klöckner-Humboldt-Deutz AG, Köln
DH Draisinenbau Hamburg
EPG Kleinbahn Emden-Pewsum-Greetsiel
Schöma Schöma Christoph Schöttler Maschinenfabrik GmbH, Diepholz
Wis Triebwagen- und Waggonfabrik AG., Wismar

2.7 Wangerooge (Spurweite 1000 mm)

Wangerooge wird als Insel Ostfrieslands angeführt, gehörte jedoch im 16. Jahrhundert zu Oldenburg, und damit unterstand es nicht den ostfriesischen Häuptlingen (15. Jahrhundert). Wangerooge (früher und niederdeutsch nur Wangeroog) ist eine Insel im Nationalpark »Niedersächsisches Wattenmeer«. Sie ist die östlichste der sieben bewohnten ostfriesischen Inseln und mit 7,94 km^2 Fläche das zweitkleinste bewohnte Eiland dieser Gruppe, gehört als einzige der bewohnten ostfriesischen Inseln zum historischen Teil des friesischen Jeverlandes. Die Insel Wangerooge ist mit rund 900 Einwohnern eine Einheitsgemeinde im Landkreis Friesland. Die politische Gemeinde ist auch für die unbewohnte Nachbarinsel Minsener Oog zuständig.

1804 wurde Wangerooge erstmals als Seebad bezeichnet, 1829 begann der Aufschwung als Bad, bis die Winterflut von 1854/55 alles zunichte machte. Einwohner zogen fort, von 380 blieben 82. Allmählich begann wieder der Badebetrieb, eine neue Ortsansiedlung am Fuß des Leuchtturms entstand. Einst galt auf dem Festland der Bahnhof Harle als Umsteigeort von der Eisenbahn aufs Schiff nach Wangerooge. Auf der Insel entwickelte sich die kleine Siedlung zum selbstständigen Ort. Die Anreise blieb jedoch beschwerlich und war nicht jedermanns Sache. Fähren fuhren eine vor der Insel ankernde Schaluppe an, die als Punkt »Stationär« bezeichnet« wurde. In der musste abgewartet werden, bis das Nordseewasser abgelaufen, die Ebbe erreicht war. Danach brachten hochrädrige Pferdefuhrwerke á 16 Plätze die Besucher durch das Watt – und auf gleiche Art ging es zurück zum Festland über den »Stationär«. Trotz solcher Umstände kamen jedes Jahr rund 2000 Gäste auf die Insel.

Vom Hersteller in Berlin bezog die Bahn die Lokomotive. Erst 1942 verzichtete die Inselbahn auf deren Dienste.

Am Ostanleger kommen die Gäste an, die mit einem HAPAG-Schiff von Bremen oder Bremerhaven die Insel besuchen.
Sammlung Erich Preuß

Der noch unvollständige Bahnhof von 1897, eine Remise für Fahrzeuge und die Werkstatt kamen hinzu. Rechts ein Zug mit der kleinen zweiachsigen Lokomotive.
Sammlung Jürgens

Auch am Westanleger lag das Gleis über dem Wattwasser auf Pfählen. Zeitweise ließ das Wetter die Fahrt im Sommerwagen zu. In der Mitte des Weges steht der Bahnhofsvorsteher Carl Christians (1897).
Sammlung Jürgens

Nicht ganz einheitlich sind die Wagen, die 1991 am Anleger stehen. Das wird sich in den folgenden Jahren ändern.
Foto: Erich Preuß

Die Kaiserliche Marine begann 1873 mit den Befestigungsarbeiten an der vom Wetter ungeschützten Nord-Westseite. 1895 beantragte die Gemeinde beim Landtag den Bau der Landungsbrücke und der Inselbahn. Wangerooge genoss bei den Repräsentanten des Großherzogtums Oldenburg besondere Aufmerksamkeit. Diese waren sich darin einig, die umständlichen Übersetzfahrten mit dem Ausbooten vor der Insel nicht länger hinzunehmen und ließen einen Insel-Anleger an der Südwestseite sowie eine Pferdebahn auf der Insel planen. Die Bauarbeiten für die Bahn begannen am 20. März 1897. Die Großherzogliche Eisenbahn eröffnete am 3. Juli 1897 die 4,4 Kilometer lange Inselbahn, nicht mit Pferden wie geplant, sondern mit der Dampflokomotive Nummer 1. Wangerooge hatte nun endlich eine Brücke erhalten, allerdings nur von sommertauglicher Eigenschaft. Im Herbst wurde sie wieder abgebaut. Offensichtlich war das ursprüngliche Projekt verworfen worden. Dennoch ließen sich die Einwohner die Freude über das neue Bauwerk nicht verderben. Das »Jeversche Wochenblatt« berichtete:

»Die Strandbahn wurde eröffnet. Ihre Länge beträgt ungefähr dreieinhalb Kilometer. Das Gleis läuft auf einem starken Damm zwischen dem festen Anleger übers Watt ins Dorf. Bei gewöhnlicher Ebbe steht am Anleger noch ½ Meter Wasser. – Die erste Fahrt wurde von Herrn Regierungsrath Becker nebst mehreren höheren Eisenbahnbeamten geleitet. Unter dem Jubel der Insulaner lief der bekränzte Zug ins Dorf ein. Auch die Schulkinder machten eine Fahrt zum allgemeinen Ergötzen.

Beim Streckenbau hatte man noch einiges zu beachten gehabt: der Bahnsteig am Anleger durfte nicht im Flutwasser liegen, sondern mit seinem Bodenbelag in 3,69 Meter Höhe über der Linie des Niedrigwassers. Auf der Strecke zwischen Anleger und Saline ließ der

Als Dreikuppler wurde die Lokomotive 99 211 von Henschel 1929 gekauft und verblieb auf der Insel. Hier und bei den anderen Inselbahnen reichten sonst die Zweikuppler der Bauart Bn2t.

Für die kleine Insel und deren Bahn stellten die Bahngebäude recht repräsentative Bauten dar. Die vom Hersteller bezogene Lokomotive hatte vor der Umzeichnung die Betriebsnummer 4.

Auf die Plattenwagen wird das von Containern aufgenommene Reisegepäck der Inselbesucher verladen (2010).

Untergrund festen Oberbau nicht zu, das Gleis wurde auf Pfahljoche verlegt. Dennoch sollte es nur Sommerverkehr geben; im Winter ruhte der Bahnbetrieb. Das gefiel den Inselbewohnern gar nicht, sie petitionierten in Oldenburg. Die Regierung ging auf die Forderung ein, erlaubte den Bau eines zweiten Anlegers, der mit dem anderen bis 1904 östlich vom heutigen Westanleger benutzt wurde. Die Kaiserliche Marine fand ebenso an dem neuen Winteranleger und der Inselbahn Gefallen. Sie ließ für eigene Zwecke ein Gleis von der Abzweigung Saline zum Marineanleger bauen und benutzte es von 1901 an.

Die Flutbewegung sorgte dafür, dass die Insel fast drei Kilometer ostwärts fortgespült wurde. Sturmfluten veränderten mehrmals das Eiland. In beiden Weltkriegen diente es als militärischer Stützpunkt.

Heute ist das autofreie Wangerooge mit seinen langen Sandstränden beliebtes Ziel der Feriengäste. Ein System von Leitdämmen auf der vorgelagerten, künstlich angelegten Insel Minsener Oog sollen die Wanderbewegung der Sandbänke aufhalten.

Wie auf anderen Inseln verbindet die Inselbahn, hier in Meterspur angelegt, den südlichen Anleger mit dem Ort im Norden, und fast jeder Reisende nach Wangerooge benutzt einen der an der Landungsbrücke bereitstehenden Schmalspurzüge. Das Nordseewasser wird bei Ebbe am Anleger zu flach für die Fähren. Eine tideunabhängige Fahrrinne gibt es nicht. So gilt bei der Zugverbindung der Tidefahrplan zwischen Harlesiel und dem Westanleger an der Insel Wangerooge.

Nun ist auf der Insel Wangerooge der 1933 in Wismar gebaute Triebwagen als 699 001 (ab 1992: 699 101) eingesetzt. Er kam 1981 von der Insel Spiekeroog, wo er als Triebwagen Nummer 5 fuhr. 1993 erwarb der Deutsche Eisenbahn-Verein in Bruchhausen-Vilsen das Fahrzeug.

⛵ 1000 p Wilhelmshaven – Wangerooge und zurück

Schiffahrtsgesellschaft Jade mbH, Wilhelmshaven

[illegible]. Mai bis 25. Juni täglich	ab Wilhelmshaven	9.15	an Wangerooge Bf	11.30
	ab Wangerooge Bf	17.30	an Wilhelmshaven	19.45
[illegible]. Juni bis 3. September täglich	ab Wilhelmshaven	9.15 und 16.00	an Wangerooge Bf	11.30 und 18.15
	ab Wangerooge Bf	10.45 und 17.30	an Wilhelmshaven	13.00 und 19.45
[illegible]. September bis 17. September täglich	ab Wilhelmshaven	9.15	an Wangerooge Bf	11.30
	ab Wangerooge Bf	17.30	an Wilhelmshaven	19.45

⛵ 1000 q Bremen – Bremerhaven – Wangerooge und zurück

Norddeutscher Lloyd Seebäderdienst, Bremen, M/S „Hansa VI"

	1.	2.	3.	4	5.	6.	7.	8.	9.	10.	11.	12.	13.	14.	15.	16.
Bremen (Anleger l. Martinikirche) **ab**																
[illegible]	....	....	6.30	6.30	6.30	....	11.00	....	....	13.45	....	....	....	11.00	....	....
[illegible]	6.30	6.30	6.30	....	11.00	....	....	13.45	....	....	....	11.00		....	6.30	6.30
…gust	....	11.00	....	....	13.45	....	....	....	11.00	....	....	6.30	6.30	6.30	....	11.00
Wangerooge (Ost) **ab**																
[illegible]	....	....	14.00	16.30	14.00	....	....	8.00	....	....	16.00	14.00	....	....	8.00	....
[illegible]	14.00	16.30	14.00	....	....	8.00	....	....	16.00	14.00	....	....	8.00	....	14.00	16.30
…gust	....	....	8.00	....	....	16.00	14.00	....	....	8.00	....	14.00	16.30	14.00	....	....

	17.	18.	19.	20.	21.	22.	23.	24.	25.	26.	27.	28.	29.	30.	31.
Bremen (Anleger l. Martinikirche) **ab**															
[illegible]	6.30	6.30	6.30	....	11.00	....	....	13.45	....	....	....	11.00	....	....	....
[illegible]	6.30	....	11.00	....	....	13.45	....	....	....	11.00	....	....	6.30	6.30	6.30
…gust	....	....	13.45	....	....	....	11.00	....	....	6.30	6.30	6.30	....	11.00	....
Wangerooge (Ost) **ab**															
[illegible]	14.00	16.30	14.00	....	....	8.00	....	....	16.00	14.00	....	....	8.00	....	....
[illegible]	14.00	....	....	8.00	....	....	16.00	14.00	....	....	8.00	....	14.00	16.30	14.00
…gust	8.00	....	....	16.00	14.00		....	8.00	....	14.00	16.30	14.00	....	....	8.00

Außerdem dienstags und freitags Tagesfahrten nach Bedarf und jeweiliger Bekanntgabe
Die Abfahrt von Wangerooge-Bahnhof erfolgt ca $^1/_2$–1 Stunde früher gemäß Bekanntgabe durch die Inselbahn.
Abfahrt und Ankunft in Bremerhaven etwa 3 Stunden später bzw früher als Bremen

Zwei Schiffsdienste fahren von Wilhelmshaven nach Wangerooge, aber nicht mehr zum Ostanleger, den es nicht mehr gibt. Die Insel muss halb umrundet werden. Fahrplan von 1950.

Seit 1989 entsorgt die Gemeinde Wangerooge den Müll auf dem Festland. In Containern wird er zum Anleger gebracht (2003). *Erich Preuß*

Blick vom alten Leuchtturm auf das Empfangsgebäude des Dorfbahnhofs (2. Oktober 1977). *Foto: D. Riehemann*

Außer auf Wangerooge gibt es keine Inselbahn in der Nordsee, die vom Staat gebaut und betrieben wurde. Noch heute ist sie quasi in staatlicher Hand, denn die Deutsche Bahn hat auch nach dem zum 1. Januar 1994 vollzogenen Zusammenschluss von Bundes- und Reichsbahn zur Deutschen Bahn AG diese Schmalspurbahn behalten, sind ihr doch bei dieser Bahn die Fahrgäste und Gütertransporte garantiert. Die Meterspurbahn gehört mit der Einbindung in die DB Autozug GmbH sogar zum Fernverkehr. Gleiches trifft auf die Fährschiffe zu.

Jedoch ist die Diskussion um das Fortbestehen der letzten Schmalspurbahn im Eigentum der Deutschen Bahn keinesfalls zu Ende. Zunächst geht es um einen neuen Anleger an anderer Stelle. Da die Fahrrinne des Westanlegers den Schiffen Fahrpläne abhängig von den Tiedezeiten aufzwingen, stört das einige Wangeooger, die sich schon lange einen Zugang auf der Nordseite der Insel vom offenen Meer wünschen. Da hat das Fahrwasser ausreichend Tiefgang für die anlandenden Schiffe. Der Nordanleger würde sich direkt im Ort befinden, auf die Inselbahn könnte verzichtet werden!

Gegner des Projekts verweisen auf Kosten von 42 Millionen Euro für den neuen Hafen und die laufenden Kosten, da die Fahrrinne vom angespülten Sand frei zu halten ist.Sie wollen statt dessen für 15,5 Millionen Euro den Westanleger modernisieren, die Gleise für den Güter- und den Personenverkehr trennen und ein Bahnsteigdach bauen lassen.

Nochmals ein Blick auf die Vergangenheit: Dem Norddeutschen Lloyd, der Routen von Bremerhaven und Wilhelmshaven aus nach Wangerooge anbot, missfiel es, bei Fahrten

699 101 befährt mit den Wagen 63212 und 63211 am 24. Juli 1993 die Strecke zwischen Saline und Westanleger.
Foto: D. Riehemann

mit seinen Schiffen Richtung Anleger die Insel umrunden zu müssen. Die Reederei suchte und fand schließlich am Ostende eine scheinbar günstige Stelle, die den Umweg an der Insel ersparte und einen tideunabhängigen Schiffsbetrieb ermöglichte. Noch fehlte die Bahnstrecke an der Stelle, sie ging jedoch nach Erlaubnis seitens der Großherzoglich Oldenburgischen Eisenbahn (GOE) am 1. Juli 1904 in Betrieb. Auf Pfahljochen lag das Gleis, nur im Sommer fuhren auf ihm die Züge.

Nicht nur der Bäderbetrieb entwickelte sich, auch der Bahnbetrieb. Der Dorfbahnhof schien inzwischen zu klein geraten. In Nähe des Leuchtturms bot sich eine Fläche für einen neuen an. Das Stationsgebäude wurde 1906 fertig, es erhielt eine Bahnsteighalle, der Bahnhof eine Wagenwerkstatt und einen Lokomotivschuppen. Die Streckengleise hatten nunmehr die Länge von 12,4 Kilometer. Während des Krieges wurden bis zu 24 Anschlussgleise bedient. Mit der Verreichlichung der sogenannten Länderbahnen gehörte 1920 auch die Wangerooger Inselbahn zur Deutschen Reichsbahn, die Lokomotiven erhielten nach deren Umzeichnungsliste die Betriebsnummern der Reichsbahn. Das ursprünglich für militärische Zwecke vorgesehene Gleisdreieck an der Saline wurde 1969 aufgegeben.

Das vor der Wesermündung gelegene Wangerooge wurde im April 1945 zur Festung erklärt und danach von den Alliierten mit 6000 Sprengbomben bombardiert. Dabei wurden auch Strecke, Gebäude und Fahrzeuge der Inselbahn zerstört. Nach Kriegsende musste alles wieder hergerichtet werden.

Die Lokomotive 399 108 zieht die Wagen über die weniger befahrene Strecke zur Station West, an der sich ein Jugendheim befindet (2010).

Wangerooge liest

Lok 399 108 der DB AG und im Hintergrund der Westanleger, von dem der Zug abgefahren war (2010).

Als die Deutsche Bundesbahn gebildet wurde, übernahm auch diese den Eisenbahnbetrieb auf Wangerooge. Diesellokomotiven von Gmeinder beendeten den Dampfbetrieb. Ihre Leistung lag jedoch unterhalb der von den Dampflokomotiven. Später setzte sich die Meinung durch, dass die neu zu beschaffenden Diesellokomotiven eine höhere Leistung bringen sollten. So wie 1952 die Insel Helgoland für Deutsche wieder zugänglich wurde, gewannen die Schiffsfahrten von den großen Küstenstädten nach Helgoland an Attraktivität, der Wangerooger Ostanleger büßte allerdings in der Gunst der Reedereien ein. Helgoland wurde vor Wangerooge für die bisher am Ostanleger anlegenden Schiffe das wichtigere Ziel. Auch die Natur arbeitete gegen die Fahrrinne im Osten und deren Buhnen. Schließlich wurde der lädierte Ostanleger mit der Strecke 1958 aufgegeben.

Auf Wangerooge verläuft die Bahnlinie nicht wie bei den anderen Inseln allein zwischen zwei Punkten, vielmehr zweigt ein Streckengleis bei der Haltestelle Saline zur Haltestelle Westen ab. Das Streckengleis nach Westen wird aber nur bei Bedarf befahren, vor allem wenn Schulklassen zum Landjugendheim anreisen. Eine Umsetzmöglichkeit hat die Haltestelle Westen nicht, genau genommen ist die Station ein Haltepunkt, die Wagen werden von Westen nach Wangerooge zurück gedrückt.

Die ersten Dampflokomotiven besaßen – wie auf den meisten Nordseeinseln üblich – als Nassdampfmaschinen nur die zwei Treibachsen, erst später kamen in Wangerooge dreiachsige an. Zu den Diesellokomotiven von Gmeinder beschaffte die Deutsche Bundesbahn vierachsige Reisezugwagen, im damals üblichen Dunkelgrün gehalten. Sie wurden

Diese Fahrgäste sind dem Unternehmen DB Autozug sicher; am Westanleger (2010).

Im Werkteil Perleberg des Reichsbahnausbesserungswerkes Wittenberge gebauter Wagen, der 1993 auf die Insel kam (2010).

Die Inselbahn Wangerooge feierte im Jahr 1997 ihr 100jähriges Jubiläum. Aus diesem Anlass war vom 1. bis 28. Juli 1997 die DEV-Dampflok »FRANZBURG« zu Gast auf der Insel. Ein Zug vom Westanleger erreicht gleich den Dorfbahnhof (27. Juli 1997). Foto: D. Riehemann

1993 ausgemustert oder an Vereine abgegeben. Stattdessen beauftragte die Deutsche Bundesbahn das Reichsbahnausbesserungswerk Wittenberge, Werk Perleberg, zwei kombinierte Sitz-Gepäckwagen, geeignet für Rollstühle und Kinderwagen, und zwölf Sitzwagen von jeweils 12,30 Meter Länge über Puffer als Plattform-Durchgangswagen zu bauen. Die Wagen wurden zwischen 1992 und 1993 fertig. Die Neubauten für 4,3 Millionen D-Mark (2,199 Millionen Euro) wurden offiziell als Rekonstruktion bezeichnet. Bei ihnen verzichtete man auf Toiletten und begründete dies mit dem Umweltschutz im Wattenmeer. Anders als auf Borkum und Langeoog sind die neuen Fahrzeuge nicht nach einem historischen Vorbild und in grellen Farben ausgeliefert worden, sondern in einfacher Art und nach der Farbe der Wagen, die in den heute fast vergessenen Interregio-Zügen fuhren, lackiert. Für die Kopie eines historischen Fahrzeugs konnte sich die staatliche Eisenbahn nicht erwärmen.
Die Modernisierung des Fahrzeugparks berührte auch die Güterwagen. Vier Exemplare stellte der Waggonbau Görlitz her, elf Flachwagen kamen 1999 vom DB-Werk Meiningen auf die Insel. Insgesamt beträgt der Bestand an Güterwagen 35, mit denen Gepäck, Fahrräder, Post, Heizöl, Baustoffe, Lebensmittel, seit 1989 auch Müll in Containern, und anderes Richtung Festland transportiert werden (2012).

Bei der Modernisierung des Fahrzeugparks wurde an die Ausmusterung der Gmeinder-Lokomotiven gedacht und zwei gebrauchte in Rumänien gebaute Diesellokomotiven besorgt. Diese erwiesen sich als störanfällig. Weniger störanfällig waren die direkt beim Hersteller Schöma gekauften Lokomotiven 399 107 und 399 108.

Nach dem Zusammenschluss der Länderbahnen am 1. April 1920 unterstand die Inselbahn der Reichsbahndirektion Oldenburg, nach Auflösung dieser Direktion am 1. Januar 1935 der Reichsbahndirektion Münster. Am 1. Juni 1952 wurde der »Schiffsdienst und Inselbahn« (SIW) der Deutschen Bundesbahn gegründet und dem Maschinenamt Oldenburg unterstellt, das wiederum Teil der Bundesbahndirektion Münster war. Am 1. Juli 1980 begann ein Modellversuch, bei dem der SIW als »Eigenverantwortlichbereich« zur

Blick vom Fährschiff auf den Westanleger am 30. September 1977. Hochwasser hatte den Anleger leicht überflutet, aber das Schiff legte natürlich trotzdem an. Trockenen Fußes kam man dann über einen Steg vom Schiff direkt in den Packwagen des Inselbahnzuges. *Foto: D. Riehemann*

329 502 am 1. Oktober 1977 mit einem Personenzug zwischen Saline und Westanleger. Im Hintergrund der Westturm (links) sowie der neue Leuchtturm (rechts). *Foto: D. Riehemann*

Bundesbahndirektion Hannover gehörte. Die Geschäftsführung etablierte sich 1982 in Harle. Am 1. Januar 2002 erhielt DB Autozug die Verantwortung für die Inselbahn. Ein für April 2005 geplanter Verkauf der SIW wurde abgesagt.

Triebfahrzeuge auf der Insel Wangerooge[1]

Betriebsnummer	Bauart	Hersteller	Baujahr	Fabriknummer
Dampflokomotiven				
1	Bn2t	Mae	1896	148
2	Bn2t	Heil	1898	358
3	Bn2t	Freud	1904	194
4	Bn2t	Han	1910	5876
5	Bn2t	Han	1913	6930
99 211	Cn2t	Hen	1929	21443
99 081	Cn2t	Krauss	1889	2082
Diesellokomotiven				
399 101	C-dh	Gmeinder	1952	4378
399 102	C-dh	Gmeinder	1957	5038
399 103	C-dh	Gmeinder	1957	5039
399 104	B-dh	KHD	1952	46841
399 105	C-dh	Buk	1990	25665
399 106	C-dh	Buk	1990	25666
399 107	B-dh	Schö	1999	5599
399 108	B-dh	Schö	1999	5600
Triebwagen				
699 001	B´2´-dm	Wis	1933	20222

1	Lokomotiven der Kriegsbeute, die hier nicht in Betrieb waren, sind nicht angeführt.
Buk	FAUR-Werk »23. August«, Bukarest
DR	Deutsche Reichsbahn
Freud	Freudenberger Maschinenfabrik, Freudenberg
Han	Hanomag, Hannoversche Maschinenbau Actiengesellschaft, Hannover-Linden
Hen	Henschel-Werke AG., Kassel
Jung	Arnold Jung Lokomotivfabrik GmbH, Jungenthal
KHD	Klöckner-Humboldt-Deutz AG, Köln
Mae	Maerkische Lokomotivfabrik, Berlin-Schlachtensee
Raw	Reichsbahnausbesserungswerk
Schö	Schöma Christoph Schöttler Maschinenfabrik GmbH, Diepholz
Wis	Triebwagen- und Waggonfabrik AG., Wismar

Bemerkungen
1897 Ankunft auf Wangerooge, ausgemustert 1910
1899 Ankunft auf Wangerooge, ausmustert zwischen 1913 und 10920
DR 99 021, vom Hersteller, 1942 an Raw Bremen
DR 99 022, vom Hersteller, 1942 an Raw Bremen
99 023, vom Hersteller, ausgemustert 1957
vom Hersteller, bis 1957 eingesetzt, 1968 Denkmal in Wangerooge
Kastenlokomotive; 1939 von Sylter Nordbahn, ausgemustert 1952
vom Hersteller als V 11 901, von 1960 an Köf 99 501, von 1968 bis 1992: 329 501, 1998 abgestellt
vom Hersteller als V 11 902, von 1960 an Köf 99 502, von 1968 bis 1992: 329 502, 1999 abgestellt
vom Hersteller als V 11 903, von 1960 an Köf 99 503, von 1968 bis 1992: 329 503, 2003 abgestellt
1971 von Inselbahn Juist gemietet, 1992 übernommen
1992 von Mansfeld Transport GmbH, Helbra, übernommen
1992 von Mansfeld Transport GmbH, Helbra, übernommen
vom Hersteller
vom Hersteller
1981 von Spiekeroog, 09/1993 an RAW Wittenberge

Die FRANZBURG hat mit einem Zug den Haltepunkt Westen an der Stichstrecke erreicht (26. Juli 1997).
Foto: D. Riehemann

2.8 Amrum (Spurweite 900 mm)

Schon um 1900 beschrieben Schriftsteller den unvergleichbaren schönen Strand Amrums. Wie Sylt weit nach Westen vorgeschoben, fernab vom Festlande gelegen, sei das 20,46 km^2 große Amrum gänzlich frei von Landwinden, der Insel werde wasser-, salz- und ozonreiche Seeluft zugeführt. [4] Gelobt wurde ebenfalls die Landungsbrücke, weil dank ihrer nicht nur kleine, das Wattenmeer durchfahrende Dampfer, sondern auch die großen Schnelldampfer direkt an der Insel anlegten, womit das Ausschiffen in die Fischerschaluppen fortfalle.

Die Vorzüge führten rasch zum Ausbau des 1890 an einem neuen Fähranleger zum Festland gegründeten Wittdün (Weiße Düne) zum begehrten Seebadeort mit mehreren Hotels. Damit entstand Ende des 19. Jahrhunderts ein neuer Badeort gegen den Willen vieler Amrumer, die wegen der weiten Entfernung zum Strand - zum Kniepsand - für die neuen Hotelbauten keine Zukunft sahen. Erreicht wurde Amrum mit Fährschiffen von Dagebüll aus. Bei Ebbe lag zwischen Festland und Insel freies Watt. Die Fahrpläne der Fährschiffe richten sich bis heute nach den Gezeiten.

1893 nahm die Aktiengesellschaft Wittdün und Amrum (AGWA) zwischen Wittdün und Kniepsand eine vier Kilometer lange Dampfbahn mit der Spurweite von 900 Millimetern und nur mit einer Lokomotive in Betrieb. Die kurze Strecke bezweckte allerdings nichts anderes, als den Badegästen den Weg zum Strand zu erleichtern. Sie stellte keine Verbindung zu den Fährschiffen her. Zum Ende der Saison war die Strecke häufig vom Winde verweht, und die Sturmfluten des nachfolgenden Winterhalbjahres beschädigten sie schwer. Zu leicht war sie für die Tücken der rauen See gebaut. Diese Strecke musste deshalb häufig umtrassiert werden.
Die mit der Strandbahn fuhren, fanden diese als bequem, die sich am Strand aufhielten, als störend. Auch der Klerus, der im rund zehn Kilometer entfernten Norddorf einige Heime betreute, sprach sich zu der damals in Bezug auf Sitte und Moral strengen Zeit mit den wie überall üblich für Mann und Frau getrennten Badestränden gegen die Bahn aus, die von ihren Wagenabteilen lüsterne Blicke auf den Frauenstrand zuließ, und beurteilte das »weltliche« Badeleben im »Sündenpfuhl« Wittdün nicht gerade freundlich. Das alles warb wenig für die kleine Bahn. Geldmangel und Baupfusch gingen ebenfalls zu ihren Lasten. Dennoch wurde der Bahnbau fortgesetzt,

Zum Herren-Badestrand »Kniepsand« wurden die »rollenden Badekabinen« mit dem Zug gefahren.
Sammlung E. Preuß

als Insel- und als Strandbahn. Der wichtigste Grund war der Plan der Hamburg-Amerikanischen Paketfahrt Actien-Gesellschaft (HAPAG) anstelle von Wittdün nur noch Hörnum an der Südspitze von Sylt anzulaufen. Schließlich einigten sich die Amrumer mit den Vertretern der Reederei darauf, dass die HAPAG-Dampfer an einer neuen Seebrücke bei Norddorf ebenfalls anlegen sollte. Doch es fehlten nicht nur die Brücke, sondern auch die Verkehrswege dorthin. Endlich begann im April 1901 der Bau einer Strecke zwischen Wittdün und Norddorf. Bereits am 1. Juli 1901 wurde das 5,9 km lange Teilstück Wittdün – Nebel in Betrieb genommen. Ein Jahr später, am 29. Juni 1902, rollten die Züge der Inselbahn erstmals planmäßig über den Abschnitt von Nebel bis zum Endpunkt Norddorf Landungsbrücke.

Da die Ortschaft Nebel etwas abseits der Strecke lag, entstand hier ein Kopfbahnhof mit Gleisdreieck. Die Strandbahn zum Kniepsand erhielt in der Nähe des Leuchtturms eine Anbindung über das Wriakhörn.

Die »Eisenbahn auf Amrum« entwickelte sich jedoch zu einem kleinen Drama in mehreren Aufzügen. (Auf die Beschreibung einiger für die Bahn abträglicher Szenen soll hier verzichtet werden, um die Übersicht zu behalten.) Eine Sturmflut spülte die am Südufer verlegte Strecke nach zwei Jahren weg. Mehrere Eigentümer kümmerten sich in den folgenden Jahren meist erfolglos um die Inselbahn. 1907 übernahmen die »Elektrizitätswerke GmbH Düsseldorf« das Unternehmen. Sie elektrifizierten die Bahn und hatten so einen Abnehmer zusätzlich. Nicht Dampflokomotiven zogen seit 24. September 1909 die Züge, sondern Straßenbahn-Triebwagen fuhren durch die Dünen an den Strand und von Ort zu Ort. Der Fortschritt in Gestalt von Elektrizität für Haus und Bahn war in Amrum angekommen.

Doch allzu bald war es damit schon wieder vorbei: Der Generator für den Bahnstrom brannte am 4. August 1910 nach einem Kurzschluss ab, der Zugverkehr nahm damit sein vorläufiges Ende. Als tragische Tatsache für die Bahn kam hinzu, dass der Stromerzeuger geglaubt hatte, auf eine Versicherung verzichten zu können. So fehlten ihm die Mittel für den Wiederaufbau des Werkes und die Wiederinbetriebnahme der Bahn. Die ging daraufhin in Konkurs. 1911 wurde der Südbahn auf Sylt die Zwangsverwaltung der Amrumer Bahn übertragen. Da die Sylter Südbahn der HAPAG gehörte, führte die Reederei die Amrumer Inselbahn (wieder mit Dampfbetrieb) und sanierte sie teilweise. Doch der Beginn des Ersten Weltkriegs 1914 lies Badebetrieb und Inselbahn zum Erliegen kommen. Amrum wurde militärisches Sperrgebiet. Das Geld der Gemeinde reichte für Kohlen nicht, die Dampflokomotiven blieben kalt, Strom wurde ja nicht mehr geliefert, zumindest nicht für die Inselbahn. Die Zwangsverwaltung wurde 1918 aufgehoben, der Bahnbetrieb eingestellt.

In den Nachkriegsjahren fuhr die Bahn zwischen Wittdün und Norddorf nur wenige Tage in der Woche, bis zur Landungsbrücke überhaupt nicht. Auf der Strandbahn war der Betrieb schon zu Kriegsbeginn 1914 eingestellt worden. 1920 übernahm ein Konsortium als »Amrumer Inselbahn AG« die marode Bimmelbahn und betrieb sie so leidlich es ging mit den vorhandenen Dampflokomotiven und Wagen. Wenigstens das Kupfer der Oberleitung, die abgebaut und verkauft wurde, bescherte einem Unternehmer große Freude.

Mitte der 1920er-Jahre konstatiert die Öffentlichkeit wieder den schlechten Allgemeinzustand der Inselbahn. Einige Amrumer unterstellten dem Konsortium sogar unredliche Absichten. Schließlich wurde die Inselbahn 1931 erneut unter Zwangsverwaltung der Aufsichtsbehörde gestellt und der Inselbahnbetrieb verpfändet.

Als Tochterunternehmen der Wyker Dampfschiffs-Reederei wurde jetzt die »Amrumer Inselbahn GmbH« gegründet, die den Betrieb ebenfalls weitgehend erfolglos aufrecht zu erhalten versuchte.

Sehr überzeugend war deren Geschäftstätigkeit nicht – oder spielten hier Intrigen eine Rolle? An den Verhältnissen änderte sich wenig, kein Wunder bei einem Stammkapital von sage und schreibe 20.000 Reichsmark. Das

Die Lokomotive mit abgedecktem Triebwerk braucht Wasser, und das muss mit Hand gepumpt werden. Sammlung Meyer

alles bekamen die Nutzer der Bahn zu spüren. Langsamfahrten, ungepflegte Wagen, dunkle Beleuchtung, hohe Fahrpreise, gesperrter Norddorfer Anleger und dergleichen mehr. 1937 konnte der Norddorfer Anleger wieder benutzt werden, wegen fortschreitender Versandung der Fahrrinne verlegte man den Anleger 1938 nochmals - zum allerletzten Mal. Die Amrumer wussten, dass sie der Inselbahn den Fremdenverkehr verdanken, konnten aber selbst nichts für die Verbesserung der Bahnverhältnisse tun. Die Bestimmer kamen immer von außerhalb. Denen schienen die Kosten für eine vollständige Instandsetzung zu hoch. Einer Streckenbegehung durch die Bahnaufsicht 1938 änderte nichts. Dabei regten sich auch noch natürliche Kräfte gegen die Inselbahn, nämlich die Wildkaninchen. Ihre Baue unterhöhlten den Bahndamm. Nach Vorgabe der Bahnaufsicht sollte nicht die Kaninchenplage beherzt angegangen, sondern der Bahnbetrieb beendet werden. Eine Straße von Wittdün nach Norddorf wurde die bessere Alternative zur Bahn. Angesichts der Kriegsvorbereitungen kam der Straßenbau auch nicht so recht voran, immerhin aber das Ende der Inselbahn. Am 31. Oktober 1939 stellte sie den Betrieb ein.

Vergleichsweise einfach ging es in Wittdün zu. Links das Hotel »Bellevue« von 1898, das 1971 abbrannte. Die Ladenbaracken rechts gibt es auch nicht mehr. Neben der Lokomotive 1 führt das Gleis 5 zum Anleger. Der kleine Stückgutwagen, links im Bild, wurde bei Bedarf angehängt. *Ansichtskarte aus der Sammlung Meyer*

Auf Amrum hatte nur noch der Autoverkehr eine Zukunft. Aus der Inselbahn wurde die Amrumer Kraftverkehrs GmbH. Diese Gesellschaft erwirtschaftete zwar auch keine Gewinne, sie ließ aber ihre Fahrzeuge nicht still stehen.

Mit Dampf und Strom

Bei den eingesetzten Dampflokomotiven gab es nur die Bauart Bn2t. Eine durchgehende Bremse für den Zug fehlte. Benutzt wurde die Wurfhebelbremse auf den Lokomotiven. Drei Wagen, mit Längsbänken ausgerüstet, lieferte die Bautzener Firma Busch an die Inselbahn.

Bezeichnung	Bauart	Hersteller	Baujahr	Fabriknummer	Bemerkungen
Dampf-lokomotiven					
1	Bn2t	J & St	1885	10	WITTDÜN, 1893 von Neuwied über Freudenstein, Berlin, an Inselbahn; + 1911, 1920
2	Bn2t	Jung	1901	512	AMRUM I, ++ 1931
3	Bn2t	Jung	1901	593	AMRUM II, ++ 1940
4	Bn2t	Hano	1910	5703	1920 Von Groß-Besten, 1940 an Firma Michael Grass, Berlin1
1"	Bn2t	Krauss	1898	3695	? von Kalkwerke Schlenkhoff, 1940 an Firma Michael Grass, Berlin[1]
Elektrische Triebwagen (700 Volt)					
1, 2 und 3	A'A'	NW/SSW	1909		1920 Umbau zu Personenwagen 4", 5", 6"

1 Beauftragt mit dem Abbruch der Inselbahn
Hano Hanomag Hannoversche Maschinenbau-Actiengesellschaft, Hannover-Linden
J & St Jung & Staimer
Jung Arn. Jung, Lokomotivfabrik GmbH, Jungenthal
Krauss Krauss & Comp., München
NW Norddeutsche Waggonfabrik, Bremen
SSW Siemens-Schuckert Werke GmbH
++ verschrottet

Für die Kniepsandstrecke mussten umgebaute Wagen reichen.
Zum elektrischen System gehörte eine Gleichspannung von 700 Volt. Die drei elektrischen Triebwagen trugen Lyrabügel. Wenigstens mit diesen elektrischen Fahrzeugen konnte sich die Inselbahn sehen lassen. Der elektrische Betrieb auf einer Nordseeinsel war schon etwas Besonderes. Doch leider hatte er nur eine kurze Lebensdauer. Nach der flüchtigen Betriebszeit mit dem elektrischen Antrieb wurden aus den Triebwagen durch Umbau Personenwagen, deren Farblackierung mehrmals wechselte.

2.9 Nördlichste mit schmaler Spur, die Sylter Inselbahn (Spurweite 1000 mm)

Zu den wenigen nordfriesischen Inseln mit Sandstrand gehört auch die nördlichste von Deutschland: Sylt.
Sturm und Wasser haben die als schmaler Streifen zwischen 600 Metern und zwölf Kilometer breite Insel wie eine Nadel mit Haken geformt. Noch ließ sich die Verschiebung der Insel und die Erosion nicht vollständig aufhalten, auch nicht mit teuren Schutzmaßnahmen. Sylt ist nach wie vor eine Insel der Superlative, selbst wenn die Zahl der prominenten Zeitgenossen, die hier Ihren Urlaub verbringen, zurück gegangen ist. Sie ist mit 99,14 km^2 die größte, 38 km die längste und rund 21.000 Bewohnern die bevölkerungsreichste Insel an der deutschen Nordseeküste. Und sie besitzt außerdem mit immerhin 50 Metern Höhe die höchste Düne. Die nördlichste deutsche Stadt – List (2500 Einwohner) – liegt ebenfalls auf Sylt. Auch das deutsche Militär entdeckte für die Vorbereitungen zum Zweiten Weltkrieg die Insel und legte während des Baus am Eisenbahndamm zwischen Festland und Insel eigene Strecken an. Wer heute von Sylt und seiner Eisenbahn spricht, meint häufig allein die normalspurige Verbindung vom Festland über den Damm nach Westerland (siehe Abschnitt 2.10). Sind die Züge der schmalspurigen Sylter Inselbahnen, die bis 1970 verkehrten, heute vergessen?
Sicherlich nicht, denn auch mehr als vier Jahrzehnte, nachdem der letzte Inselbahnzug verkehrte, gibt es immer wieder Stimmen, die einen Wiederaufbau der ehemaligen Schmalspurbahn fordern. Ihr wichtigstes Argument: Nur ein attraktives ÖPNV-Angebot auf der Schiene entlastet das in der Hauptsaison häufig überforderte Straßennetz der Insel. Das wichtigste Gegenargument – die gewaltigen Kosten eines Wiederaufbaus – lassen solche Projekte aber regelmäßig scheitern. So bleibt nur die Erinnerung an den liebenswerten »Dünenexpress«, der einst von Westerland aus die wichtigsten Orte der Insel zwischen Hörnum und List miteinander verband.
Insgesamt drei Schmalspurstrecken entstanden zwischen 1888 und 1908 auf Sylt: die Ost-, die Süd- und schließlich die Nordbahn.

Der Anfang – die Ostbahn

Dampflokomotiven beförderten erste Züge schon 1888 zwischen Munkmarsch und Westerland auf einem Meterspurgleis. In Munkmarsch befand sich einst der zentrale Hafen der Insel. Deshalb hatte hier die 1883 gegrün-

Die Wagenreihung ergab ein buntes Bild, bei den Lokomotiven entwickelte es sich ebenso (1927).
Sammlung Meyer

Sand, Sand, feiner Sand, keine Straße und die kleine Eisenbahn im Sand – das war die Insel Sylt (1930).
Sammlung Wagner

»Wüsten-Express« – auch wenn es auf Sylt offiziell keine Landschaft mit der Bezeichnung »Wüste« gab.
Sammlung Wagner

Unterwegs auf der Nordstrecke: Im September ist L.T. 2 bei Sonnenland (Westerheide) auf dem Weg von List nach Kampen.
Foto: Detlev Luckmann/Archiv Eisenbahnstiftung

dete Sylter Dampfschiffahrts-Gesellschaft eine Ankunftsstelle für die Schiffsverbindung von der Hoyerschleuse eingerichtet. Für die Badegäste von Sylt ließ die Badedirektion am 8. Juli 1888 die 4,2 Kilometer lange Strecke mit einer Spurweite von 1.000 mm bauen, jedoch erhielt der Kurdirektor Dr. Pollacsek als Antragsteller keine staatlichen Zuschüsse zu der Bahn und sah sich veranlasst, diese auf eigene Kosten selbst zu finanzieren. Den Bau der damals für die Insel wichtigen Strecke von Munkmarsch nach Westerland leitete der erfahrende Direktor der Flensburger Kreisbahn, Emil Kuhrt, der 1903 die Strecke erwarb. Die Bahnverbindung war deshalb so wichtig, weil die Insel Sylt über fast kein Wegenetz verfügte. Kurth verkaufte 1910 seine Bahn an die Sylter Dampfschiffahrts-Gesellschaft.

Die Südbahn

Auf Meterspurgleisen verkehrten auch die Züge der 14,5 Kilometer langen Südbahn von Hörnum nach Westerland, die am 1. Juli 1901 eröffnet worden war. Sie gehörte ursprünglich der Hamburg-Amerikanischen Paketfahrt Actien-Gesellschaft (HAPAG), die ihre Schiffe nicht mehr in Munkmarsch, dessen Hafen schwieriger zu erreichen war und einen zu geringen Tiefgang für die Damp-

Der Bahnhof List lag dicht an der Westküste der Insel, wie diese Ansichtskarte zeigt. *Sammlung Wagner*

Mehrere Kupplungen zwischen dem VT 23 und dem Beiwagen 35 kann man erkennen. Westerland (1966) Lübbers

So viele Passagiere sind mit dem Südbahnzug gefahren? Da wird wohl der Retuscheur etwas nachgeholfen haben (1911). *Sammlung Meyer*

Im August 1960 ist L.T. 5, einer der fünf Sattelschlepper-Triebwagen auf 90 PS-Borgward-Lkw-Chassis (Baujahr 1953), im Bahnhof Wenningstedt eingetroffen. *Foto: Uwe Jens Jansen/Archiv Eisenbahnstiftung*

fer besaß, sondern am Südende Sylts anlegen ließ. Da nur eine schlecht ausgebaute Straße nach Westerland führte, blieb der HAPAG nichts anderes übrig, als für ihre Passagiere einen komfortableren Schienenweg zu errichten.

Eine Verbindung mit den Gleisen der Munkmarscher Bahn, für die die Südbahn eine große Konkurrenz darstellte, gab es in Westerland nicht. Und erst 1917 kam im Bahnhof Westerland eine Gleisverbindung zwischen Süd- und Nordbahn zustande, ohne dass beide Bahnen rechtlich fusionierten. Der Fahrzeugbestand zwischen beiden Bahnen unterschied sich durch die Farbnuancen hell und dunkel.

Die Nordbahn

Der Erfolg der Südbahn ließ auch im Norden der Insel Stimmen laut werden, die nach einem Bahnanschluss verlangten. Im Jahr 1903 war es dann schließlich soweit: Zwischen Westerland und Kampen verkehrten die ersten Züge. Fünf Jahre später ging die Verlängerung der Strecke bis nach List in Betrieb. Die Nordbahn führte überwiegend über den Geestrücken der Insel sowie durch Dünengebiete.

Im Jahr 1951 dampfte es noch auf Sylt: Ein Zug der Sylter Inselbahn mit Lok 14 (Hohenzollern, Baujahr 1897) vor dem Empfangsgebäude der Regelspurstrecke in Westerland. *Foto: Walter Hollnagel/Archiv Eisenbahnstiftung*

Fusionen

Bereits im Jahr 1910 gingen die Nord- und Ostbahn in den Besitz der »Sylter Dampfschiffahrtsgesellschaft« über, in deren Eigentum sie rund 16 Jahre blieb, bevor sie 1926 an die »Sylter Inselbahn AG« übereignet wurde. Letztere übernahm 1929 auch die Betriebsführung der Südbahn nach Hörnum. Das Schienennetz hatte eine Länge von 35,7 Kilometern. Das Gleisnetz von Nord- und Südbahn war bereits während des Ersten Weltkriegs im Jahr 1917 aufgrund strategischer Überlegungen des Militärs miteinander verbunden worden. Einen gemeinsamen

Handarbeit: Im August 1960 dreht das Personal den L.T. 3 auf der Drehscheibe am Ende der Südbahn in Hörnum. *Foto: Uwe Jens Jansen/Archiv Eisenbahnstiftung*

Die Deutschen Werke in Kiel (DWK) hatten den T 27 im Jahr 1929 mit der Fabriknummer 176 an die Flensburger Kreisbahn geliefert. Nach einem Einsatz bei der Kreisbahn Emden–Pewsum–Greetsiel kam er 1963 nach Sylt. Gleich wird er mit den Beiwagen 122 und 124 von Westerland aus nach List starten (1968). *Fotos (3): J. Krantz*

Bahnhof betrieben beide Bahnen seit dem 10. Oktober 1923 in Westerland.

Mit der Inbetriebnahme der normalspurigen Festlandverbindung wurde der Postschiffsverkehr von Hoyerschleuse nach Munkmarsch eingestellt. Damit verlor auch die Ostbahn (Westerland–Munkmarsch) ihre Funktion als Zubringerlinie. Ihr Betrieb wurde ebenfalls eingestellt. Als man 1931 den Flughafen erweiterte, wurde die Strecke komplett abgebaut. Die Fahrzeuge gelangten zur Nordbahn oder wurden verschrottet.

Im Besitz des Reiches

Zeitig vor dem Krieg bildete sich die deutsche Militärführung die Bedeutung der Nordseeinseln als strategisch wichtig ein und baute sie entsprechend aus. Das hatte auch Auswirkungen auf die Nordbahn: Bis 1937 befand sich der Lister Bahnhof etwa in Höhe der späteren Drehscheibe, rund 500 Meter südlich des Hafens. Weil das Militär das Gelände benötigte, verlegte man den Bahnhof rund 500 Meter weiter nach Süden (Streckenkilometer 16,2). Zwei Anschlussstrecken, die

L.T. 2 am achteckigen Quermarkenfeuer »Rotes Kliff« nordwestlich von Kampen auf Sylt (August 1969). Heute ist an dieser Stelle ein kombinierter Wander- und Radweg. *Foto: Detlev Luckmann/Archiv Eisenbahnstiftung*

Die Wismarer Schienenbusse T 22 und T 25 waren von der Wehrmacht an die SVG gelangt (1968).

zur Nordspitze führten, nutzte ausschließlich das Militär.
Private Inselbahnen, evtl. noch mit unscharfen Besitzverhältnissen, konnten in den Plänen zum Krieg nur stören, zumal das Militär Strecken der Inselbahn und dadurch die des öffentlichen Verkehrs nutzte.
Zum 1. Januar 1940 wurde die Sylter Inselbahn deshalb dem Reich überschrieben. Die Bahn besaß für die Wehrmacht auf der Insel eine wichtige strategische Bedeutung, denn die Bunker und Geschützstellungen in den Dünen bediente die Inselbahn. Dafür beschaffte die Wehrmacht zahlreiche Motorloks und Draisinen.
Deshalb konnte nach dem Krieg die Sylter Verkehrsgesellschaft so manches Wehrmachtsfahrzeug in ihren Bestand aufnehmen.

Nach 1945

Die Sylter Strecken blieben nach dem Zweiten Weltkrieg staatliches Vermögen, wurden aber 1952 von der »Sylter Verkehrsgesellschaft mbH« (SVG) durch Kauf übernommen. Eigentümer der 1952 gegründete SVG war Ruy Prahl, der in seiner Gesellschaft die beiden ehemals eigenständigen Strecken der Sylter Inselbahn zusammenfasste. Der umtriebige Unternehmer hatte die Idee, die teilweise verschlissenen Triebwagen durch gleisgebundene Sattelschlepper aus dem Lkw-Bau zu ersetzen. Die in Bremen ansässige Autofirma Borgward baute ihm die Aufsatzgestelle für die Sattelschlepper. Die Werkstatt in Sylt ergänzte die Fahrzeuge mit dem Aufsatz für die Reisenden. Da sich die Sattelschlepper nur für den Einrichtungsbetrieb eigneten, erhielten List, Hörnum und Westerland Drehscheiben. Diese Fahrzeuge durften trotz des leichten Sandoberbaus mit Geschwindigkeiten von 50 km/h fahren. Aber auch die gebrauchten Fahrzeuge anderer Bahnen, die ihren Personenverkehr eingestellt hatten, erwarb die SVG und setzte sie neben den Sattelschlepper-Triebzügen ein.
Prahl hatte noch eine weitere ungewöhnliche Idee, die den Zugbetrieb wirtschaftlicher machen sollte: Zugbetrieb nach den Bestimmungen der Straßenbahn-Bau- und Betriebsordnung (BO Strab). Das brachte dem Unternehmer entscheidende Vorteile, denn die BO Strab verlangte nicht das Fahren im Raumabstand, womöglich noch mit Signalsystemen, und anderen eisenbahntypischen Aufwand.
Prahl warb auch für Busfahrten über Straßen, war doch das Straßennetz besser geworden. Beides ermunterte die Gegner des Schienenverkehrs, sich gegen die Inselbahn zu stellen, zumal große Investitionen in das teilweise verschlissene Schienennetz anstanden. Bereits im November 1969 stellte man den Verkehr auf der Südbahn ein und am 29. Dezember 1970 rollte der Dünenexpress schließlich zum letzten Mal auf der Nordbahn über die Insel. Fortan beförderten ausschließlich Busse die Passagiere über die Inselstraßen.

Was blieb

Viele Abschnitte des ehemaligen Bahndamms dienen heute als Rad- und Wanderweg, der über die gesamte Insel in Nord-Süd-Richtung führt. Da die ehemalige Trasse der Ostbahn größtenteils auf dem Gelände des heutigen Flughafens Sylt lag, ist sie nach dessen Aus-

Vor dem großen Empfangsgebäude des Bahnhofs Hörnum wartet der T 24 (Talbot, Baujahr 1949) am 6. September 1968 auf die Rückfahrt nach Westerland. Der Triebwagen kam 1958 von der Eckernförder Kreisbahn nach Sylt, 1971 wurde er an die Juister Inselbahn verkauft. *Foto: Reinhard Todt/Archiv Eisenbahnstiftung*

bau nicht mehr zu erkennen. Die Anschlussgleise und Strecken der Wehrmacht sind ebenfalls ausnahmslos zurückgebaut, so dass man heute nur noch an wenigen Stellen den einstigen Verlauf dieser Stichstrecken erkennt oder erahnt.

In Westerland erinnert der vom Busbahnhof in nordöstlicher Richtung auf dem ehemaligen Bahndamm seit Ende der 1970er-Jahre verlaufende »Bahnweg« an die ehemalige Inselbahn.

Vielfalt der Fahrzeuge

Auf der Inselbahn Sylt gab es eine Fahrzeugvielfalt wie kaum anderswo bei einer Schmalspurbahn in Deutschland, beschaffte doch jede der Sylter Inselbahnen zunächst unabhängig voneinander ihre Fahrzeuge. Es fuhren nicht nur zweiachsige Lokomotiven der Bauart Bn2t, sondern auch dreiachsige (Cn2t). Schwere Maschinen, auch mit mehr Achsen als drei, zum Beispiel die bei Krauss 1935 gebaute, besaßen nicht die Achslast, die das überwiegend auf Sand verlegte Gleis

L.T. 3 ist bei Westerheide/Blidsel mit zwei Personenwagen unterwegs von List nach Westerland (September 1969).
Foto: Detlev Luckmann/Archiv Eisenbahnstiftung

vertrug und verließen die Insel bald wieder. Die ersten Personenwagen kamen von der Firma Weyer, deren gefällige Wagen auch bei der Inselbahn auf Borkum fuhren. Weitere Fahrzeuge für Sylt lieferten Freudenstein, Berlin, und Busch, Bautzen. Da später Schmalspurbahnen mit ihrer Stilllegung ihre Wagen auf die Insel Sylt abgeben konnten, bildete sich ein bunter Mischmasch an Fahrzeugen.
Das Prinzip der Vielfalt behielt auch die SVG nach dem Zweiten Weltkrieg bei. Nicht ohne Grund: In den 1950er- und 1960er-Jahren stellten überall in Deutschland zahlreiche Schmalspurbahnen ihren Personenverkehr ein. So gab es für die SVG immer wieder die Möglichkeit, gut erhaltene und gepflegte Fahrzeuge anderer Bahnen zu erwerben. Daneben bot der Fahrzeugpark weitere Sylter Besonderheiten: Sehr interessant waren einige von der Wehrmacht übernommenen Dieseltriebfahrzeuge. Die in Wismar als Typ EVA gebauten Triebwagen verkehrten in dieser Ausführung nur auf Sylt. Noch mehr fielen die bereits zuvor beschriebenen Borgward-Sattelschlepper der SVG auf. Die Triebwagen waren für 53 Sitz- und 25 Stehplätze eingerichtet. Sie fuhren auch mit Beiwagen und dominierten im Einsatz der fahrplanmäßigen Züge. Glücklicherweise blieb mit dem L.T. 4 einer dieser außergewöhnlichen Sattelschlepper erhalten. Als einmaliges Schienenfahrzeug der deutschen Schmalspurbahngeschichte soll aus seinem jahrzehntelangen Dornröschenschlaf geweckt und betriebsfähig aufgearbeitet werden (siehe hierzu die Homepage www.sylter-duenenexpress.de).

Triebfahrzeuge der Sylter Inselbahn und der Sylter Verkehrsgesellschaft[1]

Bezeichnung	Bauart	Hersteller	Baujahr	Fabriknummer	Bemerkungen
Dampflokomotiven					
1	Bn2t	Krauss	1888	1975	Ostbahn; »Präsident von Maybach«
2	Bn2t	Krauss	1888	1976	Ostbahn; »Herzog Maximilian von Württemberg«
3	Bn2t	Krauss	1900	4360	Ostbahn; »von Koehler«
4	Cn2t	Krauss	1906	5514	Nordbahn, »Jungnickel«; ++ 1959
5	Cn2t	Krauss	1906	6414	Nordbahn, »Emil Kuhrt«; ++ 1955
6	Cn2t	Krauss	1913	6714	Nordbahn, ++ 1955
7	Bn2t	Jung	1900	454	Nordbahn, 1916 von, 1945 an Rendsburger Kreisbahn
8	Cn2t	Krauss	1914	6858	Nordbahn, seit 1916, 1955 an Engelskirchen-Marienheider Eisenbahn
1	Cn2t	Freud	1901	67	Für Sylter Südbahn gebaut; ++ 1922
2	Cn2t	Freud	1901	68	Für Sylter Südbahn gebaut, später Nr. 98; ++ 1924
3	Cn2t	Freud	1901	69	Für Sylter Südbahn gebaut, später Nr. 9; ++ 1924
1"	Dn2t	Krauss-M	1935	15518	Nordbahn,an Hersteller zurück
2"	Cn2t	O & K	1925	10859	Nordbahn, 1936 von Kehdinger Kreisbahn, ++ 1951
10	B'1n2t	Hag	1898	379	Nordbahn, 1936 von Minden; ++ 1959
11	D1n2t	Jung	1911	1658	Nordbahn, 1936 von Minden, 1942 nach Engelskirchen-Marienheider Eisenbahn
12	Cn2t	O & K	1910	4031	Südbahn, 1936 von Eckernförder Kreisbahn; ++ 1955
13	Cn2t	Bor	1909	7166	Südbahn, 1936 von Steinhuder-Meer-Bahn; ++ 1955
14	Bn2t	Hoh	1897	999	Südbahn, 1936 von Steinhuder-Meer-Bahn; ++ 1955
15	1'Cn2t	O & K	1927	11338	Südbahn, 1936 von Kehdinger Kreisbahn; ++ 1955
16	Bn2t	Hoh	1898	1011	Südbahn, von Steinhuder-Meer-Bahn; ++ 1952
17	Cn2t	Krauss	1889	2092	1936 als DR 99 081 von DRG; 1949 nach Wangerooge
18	C'1n2vt	Krauss	1900	4364	1936 von Innsbrucker Mittelgebirgsbahn; ++ 1955

Diesellokomotiven					
7	B-dm	DWK	1937	20330	Von WM; + 1972
14	B-dm	Deutz	1953	55686	1966 von Herforder Klb., 1971 an Inselbahn Juist
20	B-dm	DWK	1938	627	Von WM, an IHS
21	B-dm	Hen	1953	24487	Von WM, 1963 an Baufirma auf Spiekeroog
Triebwagen					
T 22	1-Abm	Wis	1937	20300	Von WM Hörnum; + 1971
T 23	1-AA-1	AEG/LHL	1925		1957 von Rendsburg, 1972 an IHS
T 24	1-AA-1	Tal	1949	94430	1958 von Hoya, 1971 an Inselbahn Juist
T 25	1-Abm	Wis	1935	20254	Von WM List, 1969 an DEV
T 26	1-AA-1	AEG/DWK	1929	76	1963 von Flensburger Kreisbahn, kein Einsatz
T 28	1-AA-1	Tal	1949	94430	1965 von Hoya, 1971 an Inselbahn Juist
LT 1	(1A)(2)	SVG	1952		+ 1972
LT 2	(1A)(2)	SVG	1953		+ 1972
LT 3	(1A)(2)	SVG	1953		+ 1972
LT 4	(1A)(2)	SVG	1953		+ 1972, an IHS Aachen, später Straßenbahnmuseum Wehmingen, heute SVG (in Aufarbeitung bei Selfkantbahn)
LT 5	(1A)(2)	SVG	1954		+ 1972

1	nach [8]
+	abgestellt
++	zerschlagen/verschrottet
AEG	Allgemeine Elektricitäts-Gesellschaft, Berlin
Bor	August Borsig, Lokomotiv-Werke, Berlin
Deutz	Klöckner-Humbold-Deutz AG
DEV	Deutscher Eisenbahn-Verein e. V., Bruchhausen-Vilsen
DR	Deutsche Reichsbahn
DRG	Deutsche Reichsbahn-Gesellschaft
DWK	Deutsche Werke Kiel
Freud	Stahlbauwerke Freudenstein & Co., Berlin
Fuchs	H. Fuchs, Waggonfabrik AG, Heidelberg
Hag	Christian Hagans, Erfurt
Hen	Henschel & Sohn, Kassel
Hoh	Aktiengesellschaft für Lokomotivbau Hohenzollern, Düsseldorf
IHS	Interessengemeinschaft Historischer Schienenverkehr
Jung	Arnold Jung Lokomotivfabrik GmbH, Jungenthal, Kirchen a. d. Sieg
LHL	Linke-Hofmann-Lauchhammer
Krauss	Krauss, München
Kraus-M	Krauss-Maffei AG, München
O & K	Orenstein & Koppel AG, Drewitz bei Potsdam
SVG	Sylter Verkehrsgesellschaft
Tal	Waggonfabrik Talbot, Aachen
Wis	Triebwagen- und Waggonfabrik Wismar AG, Wismar
WM	Wehrmacht

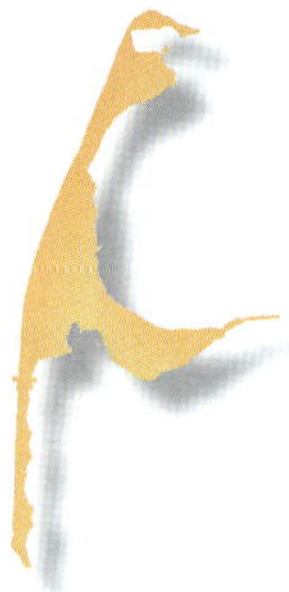

2.10 Sylt mit Normalspur (Spurweite 1435 mm)

Die Anreise auf die Insel Sylt führte, bevor der Damm benutzt werden durfte, über Niebüll und Tondern zur Hoyerschleuse. Von da fuhren Fähren, die Gezeiten berücksichtigend, nach Munkmarsch auf Sylt. Das wurde zur zeitaufwendigen Angelegenheit. Nach dem Ersten Weltkrieg gestaltete sich die Anreise noch schwieriger. Nach einer Abstimmung fiel Nordschleswig an Dänemark, dessen Grenze sich nach Süden verschob. Der übliche Weg auf die Insel Sylt war unterbrochen, wenn auch auf der alten Route die Durchfahrt unter Visapflicht und später einem Korridorverkehr ermöglicht wurde. Die Urlauber sträubten sich jedoch gegen solche unkomfortablen Lösungen.

Da kam der alte Plan ins Gespräch, einen Damm vom Festland zu der Insel zu bauen. Solche Vorstellungen scheiterten schon früher, da finanzielle Aufwendungen für einen Krieg wichtiger schienen. Da nach dem Ersten Weltkrieg der Druck auf die Behörden für einen die Insel anschließenden Damm wuchs, begannen die Bauarbeiten im Jahre 1923, finanziert von der Deutschen Reichsbahn und deshalb ausgeführt als eine Eisenbahnstrecke. Eine schwere Sturmflut im Jahr des Baubeginns veranlasste die Verantwortlichen dazu, Damm und Strecke weiter südlich vorzusehen.

Für den Damm trieben zwei größere Baubetriebe großen Aufwand: Spundwand mit Granitsteinen, Boden aus Klei (Lockergestein im breiigen Zustand durch Wasserverlust aus Schlick) zwischen Spundwand und Pfählen usw. Von beiden Seiten aus bauten 1500 Arbeiter. Am 15. September 1925 war der Damm fertiggestellt, eine normalspurige Eisenbahnstrecke vom Festland auf die Insel vorgestreckt. So etwas gab es sonst nirgends im Nordseeraum.

Reichspräsident Paul von Hindenburg, der mit einem Salonwagen aus Berlin angereist war, eröffnete die neuen Strecke am 1. Juni 1927. Für den Eisenbahndamm war eine besondere Bezeichnung nicht vorbereitet, der Name »Hindenburgdamm« für das Bauwerk entsprang einem plötzlichen Einfall während des festlichen Eröffnungsbanketts.

Sylt hatte eine neue Inselbahn, diesmal in der Normalspur 1435 mm, 12,6 Kilometer lang – von km 225,1 bis km 237,7 – und frei von Ebbe und Flut. Die neue Eisenbahnstrecke bis Westerland (Sylt) beeinflusste den Inselbahnbetrieb. Nicht nur, dass der bisher wichtige Hafen Munkmarsch erst recht überflüssig wurde, die in die Insel hineinragende

Ein D-Zug mit einer Lokomotive der Baureihe 38.10–40 (pr P 8) fährt auf die Insel. Bequemer lässt es sich kaum reisen. Sammlung Erich Preuß

Seit Herbst 2016 transportiert auch der »AUTOZUG Sylt« von RDC Deutschland Pkw und Lkw von und nach Sylt. 247 908 ist am 5. März 2020 auf dem Weg nach Niebüll. Foto: Ein Dahmer - Eigenes Werk, CC BY-SA 4.0, https://commons.wikimedia.org/w/index.php?curid=87713312

Westerland (Sylt), Endbahnhof für den Fernreiseverkehr auf der schmalen Insel und zugleich Ziel der Sehnsucht für manchen Reisenden, der die Nordsee mag (1994). *Emersleben*

Impressionen aus dem Wattenmeer: Autozug auf dem Syltdamm am 18. Mai 2003. Foto: By Magnus Manske - Own work, CC BY 1.0, https://commons.wikimedia.org/w/index.php?curid=486

Sylt Shuttle

Die dieselelektrisch angetriebene 245 024 (vom Typ Bombardier TRAXX P160 DE ME) bringt am 16. April 2022 einen Autozug der DB von Westerland nach Niebüll. Foto: By Nelso Silva from Porto, Portugal - DB 245 024, CC BY-SA 2.0, https://commons.wikimedia.org/w/index.php?curid=123650008S

DB Autozug Sylt Shuttle: Drei Loks der Baureihe 218 mit 218 359 an der Spitze sind am 15. August 2015 mit ihrem Zug auf dem Weg nach Westerland. Foto: By Linus Follert - DB Autozug Sylt Shuttle working a Service to Westerland, CC BY-SA 2.0, https://commons.wikimedia.org/w/index.php?curid=43673723

Der Reichspräsident Paul von Hindenburg (Mitte) ist zur Eröffnung der neuen Strecke über den Bahndamm gekommen. Für die Insel eine hohe Ehre, die jedoch nur einmalig blieb. *Sammlung Erich Preuß*

normalspurige Strecke stellte die Schmalspurbahnen der Insel infrage. Obwohl ein die Strömung unterbrechender Damm nützlich sein soll, wird vermutet, dass er die Ursache für Landverluste im Süden sei. Landgewinne verzeichnen dagegen die Orte an der Strecke. Morsum (Sylt) (km 228,8) und Keitum (km 233,3) haben Bahnhöfe vor Westerland (Sylt) auf der Insel.

Von 1932 an wurde die Autoverladung in Richtung Sylt erlaubt, der Autotransport nach Westerland (Sylt) schwoll an. Schon wurde der Ruf nach einer Straßenverbindung zwischen Festland und Insel laut. Die Deutsche Bundesbahn wollte sich jedoch das Geschäft mit den Autozügen nicht entgehen lassen und erhöhte die Kapazitäten für den Autotransport, was eine höhere Zugfrequenz und schnellere Ent- und Beladezeiten erlaubte. 1971 erreichte das zweites Streckengleis bis Morsum (Sylt) die Insel. Die zweigleisige Fortsetzung ist unverbindlich geplant. 1997 übernahm der Geschäftsbereich »DB Auto Zug« den Shuttle-Verkehr mit Sylt, muss diesen recht lukrativen Verkehr seit Herbst 2016 aber mit »AUTOZUG Sylt« von RDC Deutschland teilen.

Die Deutsche Bahn AG bietet den Transport eines normalen Straßenfahrzeuges in einer Richtung (Niebüll – Sylt) schon ab 19,99 Euro (Sparpreis) an. Der Normalpreis beträgt einfach 69 Euro, hin und zurück 119 Euro.

Zwischen Klanxbüll auf dem Festland und Morsum (Sylt) liegt die Strecke zweigleisig, sodass sich hier Züge begegnen können (2001). *Emersleben*

Westerland (Sylt), Endbahnhof für den Fernreiseverkehr auf der schmalen Insel und zugleich Ziel der Sehnsucht für manchen Reisenden, der die Nordsee mag (1994). *Emersleben*

3. Verhinderter Wasserdurchfluss und Lorenbahnen

Von den Lorenbahnen, wie Betreiber und Einheimische die Halligbahnen nennen, liegt die von Lüttmoorsiel nach Nordstrandischmoor südlicher als die zweite Festlandverbindung von Dagebüll nach Langeneß. Zwischen beiden Bahnen gibt es Unterschiede, nicht nur in dem wichtigen Maß für Fahrzeuge, dem der Spurweite. Das Gleis nach Nordstrandischmoor wurde in der mit 600 Millimeter verlegt, das Gleis nach Langeneß mit 900 Millimeter. Zweitens ist die Lorenbahn von Dagebüll für zwei Halliginseln angelegt, die nach Nordstrandischmoor nur für diese eine.

Bereits vor dem Ende des 19. Jahrhunderts gab es Vorschläge, wie man den fortwährenden Landverlust der Halligen beenden oder zumindest bremsen könne. Die preußische Staatsverwaltung wurde mit einem Plan 1894 aktiv, indem sie bauliche Maßnahmen veranlasste, die die Strömungsverhältnisse an den Halligen beeinflussten. 1933/34 plante die Behörde im NS-Staat den Raum des seit dem Mittelalter weggespülten, verlorenen Landes hinter einem sogenannten Friesendamm wieder aufzufüllen. Zugleich war das Vorhaben als Arbeitsbeschaffungsmaßnahme gedacht. Zu den Arbeiten für den Hallig- und Küstenschutz in den Jahren 1934/35 gehörte auch ein über sechs Kilometer langer Damm, der nicht nur Transportweg ist, sondern in erster Linie das Umströmen der Hallig verhindert. Sturmfluten 1936 und 1938 störten die Arbeiten, Kriegsvorbereitungen und Krieg verhinderten den Weiterbau und den Erfolg. Wenigstens wurde am Schutz der Halliginseln und der Festlandküste gearbeitet. Nicht einmal 20 Insulaner leben auf vier Warften der Hallig Nordstrandischmoor.

»Warum wird der Küstenschutz einschließlich einer Lorenbahn für so wenig Einwohner betrieben?«, wird sich mancher Besucher der Nordsee fragen. Die Antwort: Die kleinen Inseln sind Wellenbrecher und dienen dem Schutz der Festlandküste vor den drohenden Zerstörungen durch eine Sturmflut. Buhnen und Lahnungen bremsen vor dem Deich das Meereswasser, der Deich wiederum schützt das dahinter liegende, zum Festland gehörende fruchtbare Gebiet und deren Ortschaften. Auf den bewohnten Halligen grasen Tiere, die Weidewirtschaft befestigt die vom Wetter geplagten Inseln. An allem, was dem Schutz vor Sturmfluten nützt, wird ständig gearbeitet, Neues angelegt oder Vorhandenes verstärkt. Die durch die Herbst- und Winterstürme entstandenen Schäden müssen ausgebessert werden. So ist immer etwas zu tun, muss die Lorenbahn des Küstenschutzes Baumaterial und Gerätschaften auf die zwischen den Wattgebieten liegenden Dämme fahren.

Der Steindamm wurde in erster Linie gebaut, dass Flutwasser nicht die Hallig Nordstrandischmoor umfließen kann (2012).

Die Dämme bestanden anfangs aus Buschwerk. Inzwischen wird der Steindamm bevorzugt. Kleine Lebewesen setzen sich in den Lücken zwischen den Bruchsteinen fest und verhindern so den Wasserdurchfluss. Günstig hat sich auch die Verdichtung mit Bitumen erwiesen. Stromabweisende Querwerke aus Schüttsteinen oder die Buschlahnungen weisen den Meeresstrom ab. Die Lahnungen bestehen aus Buhnen in Doppelreihen, verflochten mit Buschwerk, das mit Perlonseilen befestigt ist. Zur Abschottung verwendete Metallflächen haben sich wegen des salzhaltigen Meerwassers nicht bewährt.

Auf den Dämmen liegt ein befahrbares Gleis für kleine Fahrzeuge. Nicht selten kommt die Frage: Ist die auch von den Halligbewohnern benutzte Lorenbahn für die Öffentlichkeit bestimmt und warum gibt es keine Fahrpläne? Schließlich lässt sich mit dieser Bahn vom Land zur Hallig schneller übersetzen als mit einer Schiffsfahrt von einem anderen Ausgangspunkt. Die Lorenbahnen sind aber keine Bahnen des allgemeinen Verkehrs und genügen nicht den Anforderungen der Eisenbahn-Bau- und Betriebsordnung. Für die

Dammfahrt und das Bedienen des Dieselantriebs ist lediglich das Mindestalter von 15 Jahren vorgegeben sowie der Mofa-Führerschein, beides berechtigt nicht zum Betrieb des Verkehrsmittels für die Öffentlichkeit.
Die Lorenbahnen gehören dem Landesbetrieb. Der wiederum duldet die Mitbenutzung durch die Halligbewohner und deren Gäste, denen das Bundesland schon deshalb manche Erleichterung einräumt, damit diese nicht die Hallig verlassen. Für weitergehende Erlaubnisse wird sich schon wegen der Haftung für die bei Nebel, Sturm und Flut nicht ungefährliche Überfahrten niemand finden. Seien wir froh, dass in Deutschland ein Landesbetrieb noch das duldet. Es macht den Halligbewohnern das ungewöhnliche Leben ein wenig erträglich.

Die Küstenschutzverwaltung hat die Lokomotive von der Firma Schöma bezogen. Für Steintransporte benutzt sie die Kipploren (2012).

Verbindungsdämme* [nach 1]

Damm	Bauzeit	Länge [Meter]
Festland – Oland	1925/27	6890
Oland – Langeneß	1897/99	3510
Festland – Nordstrandischmoor	1933/34	6470
Festland – Sylt	1923/27	8750
*soweit sie von Loren- und Eisenbahnzügen befahren werden		

Abb. Seite 105 unten: Der Damm der Lorenbahn nach Nordstrandischmoor bietet auch den Kitesurfern bei Flut etwas Schutz (2. Mai 2023).
Foto: By Whgler - Own work, CC BY-SA 4.0, https://commons.wikimedia.org/w/index.php?curid=132098025

Die Gezeiten begrenzen die Arbeitsdauer. Der Damm ist mit Bitumen befestigt. In kurzer Zeit liegt er bei Flut unter Wasser (2012).

3.1 Lüttmoorsiel – Nordstrandischmoor (Spurweite 600 mm)

In den Jahren 1933 und 1934 ließ das ehemalige Marschenbauamt einen rund sechs Kilometer langen Steindamm aufschütten, der die 1,9 km^2 große Hallig Nordstrandischmoor mit dem Cecilienkoog verband. Für den Materialtransport verlegte man auf dem Damm die Gleise einer 600-mm-Feldbahn. Auf diese Weise gelangten Baumaterialien in das Wattenmeer, um die kleine Hallig und ihre Umgebung durch Buhnen- und Lahnungsbau zu befestigen.

Heute beginnt die Lorenbahn in Lüttmoorsiel, einer einsam gelegenen Gegend, wo außer dem Bauhofgebäude nur ein Flachbau für Imbiss und Informationen steht. Das hat seinen Grund. 1987 wurde die Lorenbahn um 3,4 Kilometer verkürzt, denn die Eindeichung des Beltringharder Koogs war abgeschlossen. Es bedurfte nicht mehr der Bahn auf dem Festland, sondern nur noch für den Schutz des äußeren Küstenstreifens und der einen Hal-

Hier wird Meerwasser geteilt und gebremst. Damm und Lahnungen bedürfen fortwährender Pflege (2012).

Anstelle des bisherigen Betriebshofes wurde unmittelbar am Hauptdeich, am Lüttmoorsiel, ein neuer eingerichtet (2012).

Wer auf der Hallig wohnt, mindestens 15 Jahre alt ist und den Mofa-Führerschein besitzt, darf den Damm befahren (2012).

Nur als Ausnahme geduldet wird die Fahrt für Personen auf die Hallig (20. Juni 2015). Foto: By Pjt56 - Own work, CC BY-SA 4.0, https://commons.wikimedia.org/w/index.php?curid=45915604

lig. Mit der Verkürzung fehlte ein Areal zum Abstellen der Fahrzeuge, auch der von den Bewohnern der Hallig genutzten. 1998 war eine Anlage in der Art des Feldbahnhofs an der Badestelle Lüttmoorsiel fertig, landseitig angelegt und geschützt vom Außendeich. Das heißt, dass für Fahrten zur Hallig Nordstrandischmoor der Außendeich überquert werden muss. Das tun sie mittels einer Spitzkehre.
Mehrfach musste der Damm erneuert werden. Im März 1956 zerstörte Eisgang den sieben Kilometer langen Pfahldamm, der nachfolgend wieder aufgebaut wurde. 1977 wurde die Strecke der Lorenbahn mit Bruchsteinen gesichert. Solche Arbeiten dauern bis in die jüngste Zeit an. Zuletzt wurde der Damm zur Jahrtausendwende soweit erhöht, dass er auch während der Flut befahrbar ist, nicht

In Lüttmoorsiel abgestellter Eigenbau eines Halligbewohners. Für ihn ist nur eins wichtig: Hauptsache, das Ding fährt (2012).

jedoch bei einer Sturmflut. Er besitzt eine Ausweichstelle. Die Bahn hat zwei Endpunkte auf der Hallig: Nordstrandischmoor und Neuwarft, der einzigen Warft auf der Insel mit ei-

In der Mitte des Damms befindet sich eine Ausweichstelle (21. Mai 2010). Foto: By Reinhard Dietrich - Own work, Public Domain, https://commons.wikimedia.org/w/index.php?curid=10525095

Eine technische Prüfung des Fahrzeugs ist notwendig: TÜV-Plakette einer motorisierten Lore. Foto: By Reinhard Dietrich - Own work, Public Domain, https://commons.wikimedia.org/w/index.php?curid=10525255

Zumindest vom Wetter geschützt ist eins der Fahrzeuge, das andere eine »rollende Gartenbank« (2012).

Die Lorenbahn muss den das Festland schützenden Hauptdamm überwinden und benutzt eine Spitzkehre. Im Hintergrund ist ein Teil des eingedeichten Beltringharder Koogs zu sehen (2012).

genem Gleisanschluss. Die Anschlussstrecke zur Neuwarft zweigt von einem dreigleisigen Bahnhof ab.

2010 verbesserte der Landesbetrieb für Küstenschutz, Nationalpark und Meeresschutz Schleswig-Holstein die Gleisanlagen des Betriebshofes von Lüttmoorsiel und auf der Hallig Nordstrandischmoor. Auf ein Signalsystem wurde verzichtet, ist wohl bei den wenigen Fahrten überflüssig. »Vorfahrt« hat, wer vom Festland kommt.

Die Spitzkehre aus der entgegengesetzten Richtung gesehen (2. Mai 2023). Foto: By Whgler - Own work, CC BY-SA 4.0, https://commons.wikimedia.org/w/index.php?curid=132096053

Beschauliches Halligleben auf Nordstrandischmoor (21. Mai 2010). Foto: By Reinhard Dietrich - Own work, Public Domain, https://commons.wikimedia.org/w/index.php?curid=10525313

Lokomotiven des LBK für die Lorenbahn Lüttmoorsiel – Nordstrandischmoor (2012)

Bauart	Hersteller	Baujahr	Fabriknummer
B-dm	Diema	1956	1870
B-dm	Schöma	1958	2132
B-dh	Schöma	1958	2133
B-dh	Schöma	1968	3104
B-dh	Schöma	1968	3105
B-dh	Schöma	1998	5540

Diema Diepholzer Maschinenfabrik Fritz Schöttler GmbH, Diepholz
LBK Landesbetrieb für Küstenschutz, Nationalpark und Meeresschutz Schleswig-Holstein
Schöma Christoph Schöttler GmbH, Diepholz

3.2 Dagebüll – Langeneß (Spurweite 900 mm)

Oland und Langeneß liegen westwärts vom Festlandsort Dagebüll. Die 2,01 km² große und 2,9 km lange Hallig Oland ist von beiden Inseln die kleinere mit nur einer Warft, Langeneß mit einer Fläche von 11,6 km², 16 Warften und zehn Kilometer Länge wesentlich größer. Ohne Dammbenutzung können die beiden Inseln nur mit der Schifffahrtslinie zwischen Dagebüll und Amrum erreicht werden. Die Schiffe legen an der Insel Langeneß bei der Rixwarft an. Die Inseln bilden die Gemeinde Nordmarsch-Langeneß.

Bis etwa 1860 mussten die Halligbewohner beider Inseln auf eine feste Verbindung mit dem Festland verzichten. Zu der Zeit wurde wenigstens ein Damm nach Dagebüll gebaut, jedoch nur für den Küstenschutz, der Damm hielt aber den Sturmfluten nicht stand. Er sollte die Meeresströmungen bremsen, durch die das Wasser an den Inseln nagte. Mit den Sturmfluten, die das Meer an das Ufer der Halligen drückte, wurden diese einer Ab-

Die wenigsten Fahrzeuge sind hier vom Küstenschutz abgestellt. Auf dem Bauhof steht manches Fahrzeug der Halligbewohner mit eigenartigen Aufbauten (2012).

Der Damm zwischen dem Festland bei Dagebüll und der Hallig Oland. Der Steinhaufen im Vordergrund liegt dort als Reserve für Ausbesserungsarbeiten bereit (2012).

Die Lokomotive des Küstenschutzbetriebes in Dagebüll wurde bei Schöma 1985 gebaut (2012).

Wetterschutz und Rundumsicht, man weiß sich zu helfen (2012).

Am Tag ihrer Einweihung befuhr die festlich geschmückte Lok ihre Einsatzstrecke (6. Dezember 2021).

Foto: T. Bächler/SCHÖMA

Schöma CEL-40						
Länge	Breite	Höhe	Gewicht	Spurweite	Elektr. Leistung	Batterie
4.600 mm	2.100 mm	2.550 mm	8 t	900 mm (möglich: 600 bis 900 mm)	25 kW	80 V 840 Ah

spülung ausgesetzt. Der zwischen 1925 und 1927 in erster Linie für die Materialtransporte gebaute Damm mit einer Steinabdeckung, die für eine größere Festigkeit sorgte, hielt nunmehr auch den Sturmfluten stand. Er wurde mit einem Gleis in 900 Millimeter Spurweite belegt, auf dem die Halligbewohner eine Lore mit einem Segel setzten und so per Windkraft zum Festland fahren konnten. Zeitweise war dies die einzige Möglichkeit, das andere Ufer zu erreichen.

Den Damm gibt es heute noch, auch wenn er nicht mehr mit Segelloren befahren wird und im Jahre 2009 das Gleis mit Betonschwellen für 5,8 Millionen Euro neu verlegt wurde. Die Gleislänge beträgt von Dagebüll bis zur Hallig Oland fünf Kilometer. Von dort sind es noch mal 2,5 Kilometern zur Hallig Langeneß. Mehrere Ausweichen hat das Gleis. Die Verkehrsregel lautet hier: Wer dem Festland am nächsten ist, muss ausweichen. Nur Niedrigwasser lässt zu, dass der Damm befahren werden kann. Bei Flut steht das Wasser über dem Gleis.

In erster Linie dient die Gleisverbindung der Küstenschutzbehörde, die festlandseitig hinter dem Deich am alten Leuchtturm von Dagebüll unter der Bezeichnung »Landesbetrieb für Küstenschutz, Nationalpark und Meeresschutz« einen Bauhof eingerichtet hat. Dort werden die unbenutzten Fahrzeuge der Dagebüller Seite abgestellt. Dass die Halligbewohner das Lorengleis über dem Watt benutzen, wird von der Behörde geduldet. Von den Privatloren scheint nicht eine der anderen zu gleichen. Sie sind Eigenbau und teils recht

Für jedes Wetter ließe sich das passende Fahrzeug aussuchen (2012).

Auch ein Triebfahrzeug, etwas komfortabler ausgeführt als andere Varianten (2012).

skurril, scheinen aber der Zweckbestimmung zu genügen, die Halligbewohner und Gäste zwischen ihrer Insel und dem Festland sowie umgekehrt bei Niedrigwasser zu transportieren. Auf einer Informationstafel von Dagebüll werden die Loren der Halligbewohner als »Bank auf Rädern« bezeichnet. Tatsächlich fahren einige Loren, auf denen Gartenbänke als Sitzmöglichkeit befestigt sind. Professioneller sehen die Wagen des Landesbetriebes für Küstenschutz usw. schon aus, die kleinen Diesellokomotiven sowieso. Die sind als Zweiachser von der Firma Schöma besorgt worden.

Schöma lieferte auch die neue E-Lok vom Typ CEL-40, die die Finanzministerin des Landes Schleswig-Holstein, Monika Heinold, und die Direktorin des Landesbetriebs für Küstenschutz, Nationalpark und Meeresschutz Schleswig-Holstein (LKN.SH), Birgit Matelski, am 6. Dezember 2021 feierlich einweihten und die eine der Dieselloks ersetzen sollte. Die Batterien der E-Lok verfügen eine nutzbare Energie von 41,6 KWh. Die Höchstgeschwindigkeit beträgt 20 km/h schnell und die Anfahrzugkraft 23,6 KN. Eine Batterieladung reicht für eine Fahrstrecke von bis zu 60 Kilometern, »nachladen« auf der Hallig ist nicht notwendig.

Lokomotiven des LBK für die Lorenbahn Dagebüll – Langeneß (2012)

Hersteller: sämtlich von Schöma

Bauart	Baujahr	Fabriknummer
B-dm	1961	2550
B-dh	1970	3263
B-dh	1975	4025
B-dh	1985	4816
B-dh	2009	6419

LBK Landesbetrieb für Küstenschutz, Nationalpark und Meeresschutz Schleswig-Holstein
Schöma Christoph Schöttler GmbH, Diepholz

4. Streng geheim, nicht öffentlich

Auf einigen Inseln der Nordsee wurden und werden Eisenbahnstrecken befahren, die nicht für die Öffentlichkeit, auch nicht für die Inselbewohner, bestimmt sind. Mitunter ist es sogar untersagt, die Inselgebiete zu betreten, auf denen der Zugbetrieb stattfindet, sodass Bilddokumente von ihm recht rar sind. Fast jede Insel wurde vom deutschen Militär schon zum Ersten Weltkrieg belegt, Eisenbahnanlagen beispielsweise in Borkum und Wangerooge neben denen der zivilen Nutzung aufgebaut.

Zur Inselbahn auf Norderney wurde bereits unter 2.3 geschrieben. Das Militär hatte die normalspurige Bahn für seine Materialtransporte eingerichtet. Auch auf der Insel Helgoland rumpelten die ausschließlich für militärische Transporte bestimmten Züge. Für die Bauarbeiten wurde nicht wenig gebraucht, wurden doch die Stollen der Felseninsel, die das Militär bereits im Kaiserreich ausgehöhlt hatte, instand gehalten und erweitert. Das Heer leistete Vorkehrungen gegen Flutschäden an der Insel und benutzte die Bahnfahrzeuge für Munitionstransporte. Zum Marinehafenamt Helgoland gehörte eine Heeresfeldbahn in Meterspur mit mindestens 22 Lokomotiven, die auch in die Vorbereitungen für den Zweiten Weltkrieg einbezogen wurde. Außerdem soll es Gleise in der Spurweite von 600 Millimetern mit 27 Lokomotiven gegeben haben. Wie umfangreich der Fahrzeugpark war, geht schon daraus hervor, dass eine viergleisige Remise und eine mit zwei Gleisen vonnöten gehalten wurde.

Ein anderer Betreiber ist für die aus Sandbänken entstandene Insel Minsener Oog vor der Jademündung zuständig. Der Küstenschutz benötigte für das Strombauwerk, das die Versandung der Jade verhindert soll, die sich mehrfach verzweigende Materialbahn. Sie zu besichtigen ist nicht möglich, weil die Insel ein Sperrgebiet ist, nicht wegen militärischer Objekte, sondern für den Vogelschutz. Sie darf nach einem sechs Kilometer langen Wattwanderweg von Schillig aus nur auf der Südseite begangen werden, nicht dort, wo die seit 1998 von über zehn auf 1,5 Kilometer geschrumpfte Bahn fährt. Ihr Zweck besteht nur noch in der Personenbeförderung zwischen Anleger und Wohnunterkunft der Vogelschützer und offizieller Beobachter, befährt auch die aufgeständerten Gleise, die als Betriebshof die abgestellten Wagen aufnehmen. Während des Zweiten Weltkrieges bediente die Bahn Scheinwerferstände und Geschützstellungen. Die Vogelschutzinsel neben Wangerooge gehört zu Niedersachsen. Der Hamburger Behörde für Wirtschaft, Verkehr und Innovation ist

Geheime Bahn und geheime Arbeiten auf der Felsen-Insel Helgoland. *Sammlung Höhler*

dagegen die im Hamburger Wattenmeer vor Cuxhaven liegende Insel Neuwerk mit einem Leuchtturm zugeordnet. Nach der schweren Sturmflut im Februar 1962 sollte für die vor der Küste Niedersachsens gelegene Insel ein Geflecht aus Buhnen angelegt werden, wofür eine Materialbahn mit mehreren Anschlussgleisen und einem Bauhof eingerichtet wurde. 1986 endete der Bahnbetrieb auf den 600-mm-Gleisen von Neuwerk.

Die in Harlesiel kommentarlos aufgestellte Meterspur-Lokomotive soll mit zu dem Bestand der Heeresfeldbahn auf Helgoland gehört haben und wäre die einzig Übriggebliebene von dort (2010).

5. Dollart, Borkum, Marinewagen und viel Nostalgie

Als 1981 auf Spiekeroog der letzte Zug fuhr, wollte das Ende ein Eisenbahnfreund aus Süddeutschland nicht einfach hinnehmen. Einen Museumsbetrieb mit Lokomotiven und Wagen auf die Beine zu stellen, schien ihm unrealistisch. Wenigstens könnte doch an den Vorläufer der lokomotivbetriebenen Schmalspurbahn, an die Pferdebahn, erinnert werden. Und so kam es zum Museumsbetrieb mit Pferdekraft. Ähnliches gibt es schon an anderer Stelle in Deutschland. Im sächsischen Döbeln erinnert ebenfalls ein Museumsbetrieb an die Pferdebahn, die einst durch die Stadt fuhr.

In wesentlich größeren Dimensionen dachte man auf der Insel Borkum, da die immer noch betriebene, moderne Inselbahn von Borkum gute Möglichkeiten hat, Tradition zu wahren und einen Betrieb mit historischen Fahrzeugen in das Angebot der Ausflugsfahrten aufzunehmen. Die Borkumer Kleinbahn bietet ihre historischen Fahrzeuge nicht nur bei Ausflügen an, sondern auch zur Miete außerhalb des offiziellen Programms.

Zu den historischen Fahrzeugen gehören die Dampflokomotive »Borkum«, hergestellt bei »Maschinenbau und Bahnbedarf AG., vorm. Orenstein & Koppel«, und vom 1. März 1941 bis 16. Juni 1968 als »Dollart« betrieben. Seit 1978 stand sie als Denkmal vor dem Kurhaus

Manches ist nicht mehr original, zum Beispiel die großen Lokomotivlaternen, eine Zutat aus der Schweiz; im Hafenbahnhof (2012).

Keine Doppeltraktion, nur eine optische Täuschung. Zum Umsetzen am Hafenbahnhof fährt die »Borkum« aus der Weiche vor den Zug, der Platz machen musste. (2012).

Wie eh und je erhielt das Pferd seine besondere Trittspur außerhalb des Gleises. Der Museumsbetrieb auf Spiekeroog soll an den Pferdebahnbetrieb auf der Insel erinnern. *Gemeinde Spiekeroog*

Aus »Dollart« wurde »Borkum«, aus einer Nassdampflokomotive eine mit Heißdampf. Solche Veränderungen stören nicht, wenn die Maschine an die Borkumer Tradition erinnern soll (2012).

und verfiel. Die AG Ems entschied sich dafür, die Lokomotive bei einem tschechischen Anbieter, dann aber doch bei der Deutschen Bahn in Meiningen wieder aufarbeiten zu lassen und für den Museumsbetrieb einzusetzen. Die Wiederinstandsetzung der Lokomotive »Dollart« kostete nach einer kompletten Zerlegung im Dampflokwerk Meiningen 620 000 DM (317 000 Euro). Die danach wieder hergestellte Lokomotive mit einem von einer Schweizer Firma eingebauten geschweißten Neubaukessel, kupferner Feuerbüchse und Überhitzereinheit der Firma SLM, Winterthur, so von Nass- auf wirtschaftlicheren Heißdampfbetrieb umgestellt, mit Ölhauptfeuerung und Dampfzerstäubung erhielt als dritte der Inselbahngeschichte den Namen »Borkum« und fährt seit 26. März 1997 beim Traditionsbetrieb. Den planmäßigen Zügen kann sie nicht vorgespannt werden, da sie mit der alten Verbindung, also nicht mit der Scharfenbergkupplung, fährt.

- Wagen Nr. 38

Wagen aus der ersten Lieferung der Firma »Düsseldorfer Eigenbedarf, vorm. Carl Weyer« für die Borkumer Inselbahn. Der zweiachsige Wagen wurde als Salonwagen mit 1.-Klasse-

In dieser Umgebung sollten »allerhöchste Herrschaften aus Berlin« sich wohlfühlen. Alles noch im Original vorhanden (2012).

Sparsam und originell. Dank des kleinen Fensters beleuchtet im Kaiserwagen die Funzel das Abteil und die Plattform (2012).

Abteil für »hochherrschaftliche Besucher aus Berlin« zum (damaligen) Preis von 5680 Mark angeschafft. Bei der Borkumer Kleinbahn gab es nie Tarife für mehr als eine Klasse, auch ließen »hochherrschaftliche Besucher aus Berlin« auf sich warten. Der Kaiser, an den man im Zusammenhang mit der Inselgarnison gedacht hatte, besah sich weder Wagen noch Kleinbahn. Wenn auch Besucher dieses Standes ausblieben, sprach man bald vom »Kaiserwagen«, den die Kleinbahn auch in ihrem Bestand behielt, als der Kaiser schon längst abgedankt hatte. Ausgeliefert 1905, überdauerte er zwei Weltkriege. Allerdings setzte nach über einem halben Jahrhundert mit der Aufstellung als Denkmal die Witterung dem Wagen zu und verursachte einige Schäden. Bei der Wiederaufarbeitung des Fahrzeugs stellte sich heraus, dass das edle Interieur im Wageninneren noch vorhanden und gut

Echte Weyer-Wagen im gepflegten Zustand gehören ebenfalls zu den Museumszügen auf Borkum (2012).

erhalten war. So erfreuen sich heutige Nutzer an den bordeauxroten Samtüberzügen der Federkernsessel und Seitenwände, an Messingknöpfen zum Schließen der Damast-Vorhänge. Die Vorderwand zur Plattform durchbricht ein kleines Fenster, in dem eine Petroleumlampe steht, die Licht für Innenraum und Plattform abgibt. Der aus zwei Abteilen bestehende, mit einer Schiebetür aufgeteilte Kaiserwagen hat zwei unterschiedliche Nutzerräume. Das Abteil mit den gepolsterten Bänken sollte den Adjutanten vorbehalten sein, das mit zwei Sesseln bestückte Abteil als Salon den »hohen Herrschaften«.

- Wagen Nr. 1

ehemaliger Sanitätswagen der Marine, und als Gesellschaftswagen benannt. Der Wagen kam zur Kleinbahn schon 1947, wurde 1984 mit der heutigen Bezeichnung versehen. Nach der Übernahme fuhr er zunächst in Planzügen, heute wird er in den Sonderzügen für gesellige Veranstaltungen benutzt.

- Wagen Nr. 2

zweiachsig, in Görlitz 1914 gebaut, als Sanitätswagen bei der Marine benutzt, wurde 1947 von dieser übernommen, 1982 vor dem Borkumer Heimatmuseum aufgestellt und, nachdem er da im Freien stehend Schaden nahm, nach Hamburg zu dem als Förderungsmaßnahme für Arbeitslose und jugendliche Erwachsene eingerichteten Verein »Jugend in Arbeit« 1997 überführt und dort aufgearbeitet. 1998 kehrte er in neuem Glanz nach Borkum zurück.

Nach der Restaurierung in Hamburg steht der Zweiachser von 1914 im Sonderzug und fährt Touristen statt Kranke (2012).

1947 übernahm die Borkumer Kleinbahn den Wagen von der Marine und nennt ihn seit 1984 so wie angeschrieben (2012).

Aus dem Vorland zum Kyffhäuser-Massiv war der 1889 gebaute Wagen Nr. 17 übernommen und 1997 in Hamburg restauriert worden.

- Wagen Nr. 17

zweiachsig, 1889 in Cassel gebaut, von der seit 1913 bestehenden »Kyffhäuser Grubenbahn«, Kelbra, die ihre Gleise und Fahrzeuge von Schmalspur auf Normalspur umstellte, übernommen und von 1995 an als Mannschaftswagen für die Gleisbaurotte, sonst nicht benutzt. Der Wagen passte jedoch gut ins Bild der historischen Fahrzeuge. Er wurde 1997 ebenfalls nach Hamburg zur Instandsetzung überführt und von 1998 an wird der Wagen von bei Sonderfahrten eingesetzt.

Weitere Wagen für Sonderzüge entstammen dem Bestand der »Weyer«-Wagen. Auch die Güterwagen Nr. 33 und Nr. 55 wurden in Hamburg aufgearbeitet und gehören zum Museumsbestand.

Ein Kleinod unter den Museumsfahrzeugen der Borkumer Kleinbahn ist der Wismarer Schienenbus »T 1«. 1940 übernahm die Kleinbahn den Triebwagen vom Werk und setzte ihn bis 1976 für den planmäßigen Zugbetrieb ein. Nach der Beschaffung neuer Diesellokomotiven wurde er frei und an die Deutsche Gesellschaft für Eisenbahngeschichte abgegeben, die ihn aber nicht einsetzte. Als nun auf Borkum Nostalgiezüge geplant wurden, entsann man sich des Triebwagens Nr. 1 und holte ihn nach langen Verhandlungen auf die Insel zurück, wo er seit 4. März 1998 in Sonderzugprogrammen regelmäßig zwischen der Stadt und dem Hafen gefahren wird.

Besuchsverkehr auf 900 mm

Die in Deutschland nur noch selten zu findende Spurweite von 900 mm sorgte für einen ungewöhnlichen Fahrzeugaustausch auf Schmalspurgleisen, denn die Mecklenburgische Bäderbahn Molli (MBB), die an der Ostseeküste Bad Doberan mit Heiligendamm und Kühlungsborn verbindet, nutzt dieselbe Spurweite. Und so verabredeten MBB und Borkumer Kleinbahn bereits 2016 den Besuch einer Molli-Dampflok auf der Nordseeinsel.

Kleine Fahrzeugparade vor der Fahrzeughalle der Borkumer Kleinbahn am 19. September 2019: Molli-Lok 99 331 eingerahmt von der Dampflok Borkum und dem Wismarer Schienenbus T1. *Foto: Jan Methling/MBB*

Am Eröffnungstag, dem 14. September 2019, unternahmen die Dampfloks 99 331 und Borkum mit ihren Zügen auch eine Parallelfahrt auf der zweigleisigen Strecke der Borkumer Kleinbahn.

Foto: Andreas Behr/© Borkumer Kleinbahn und Dampfschiffahrtges. mbH

Rund drei Jahre dauerten die Vorbereitungen, denn die logistischen Herausforderungen eines solchen Unterfangens sind groß: Sie reichen von der Kohle- und Ersatzteilversorgung über den Fahrzeugtransport bis hin zur Prüfung von Lichtraumprofil, Gleisradien und Spurführung in Weichen. Als besondere Herausforderung erwiesen sich die unterschiedlichen Zug- und Stoßvorrichtungen beider Bahnen, für die eine Adapterlösung gesucht werden musste. Letztendlich entschied sich die Borkumer Kleinbahn für den Umbau der beiden zweiachsigen Güterwagen Nr. 33 und 55. Beide erhielten jeweils an einer Seite statt der beiden auf Borkum gebräuchlichen Hülsenpuffer einen Mittelpuffer der MBB. Unverändert blieben die Zughaken, denn sie liegen bei beiden Bahnen auf gleicher Höhe. Die beiden Güterwagen wurden jeweils am Zugschluss zwischen Molli-Lok und dem ersten Personenwagen eingestellt. Dann war es schließlich soweit: Vom 11. bis 25. September 2019 gastierte 99 331 auf Borkum und führte zwischen dem 14. und dem 22. September insgesamt 35 Zugumläufe auf den Gleisen der Inselbahn.

Bereits für das darauffolgende Jahr war eigentlich der Gegenbesuch des T1, des Wis-

Von der Nord- an die Ostsee: Am 26. September 2023 ist der T1 auf den Molli-Gleisen als Zug 26003 unweit der Rennbahn auf dem Weg nach Bad Doberan.

Foto: Dirk Endisch

marer Schienenbusses, anlässlich des Jubiläums »25 Jahre Mecklenburgische Bäderbahn GmbH« an der Ostsee geplant. Doch bedingt durch die Corona-Pandemie verzögerte sich dies um weitere drei Jahre. Doch endlich ging der Wismarer Schienenbus auf große Fahrt: Auf seiner mehr als 500 km langen Anreise, die am 15. September begann, machte der T1 auch Station in Wismar, wo er 83 Jahre zuvor gebaut worden war. Zum »Tag der Schiene« wurde das Schweineschnäuzchen am Lokschuppen Wismar am 16. und 17. September präsentiert. Am 18. September traf er in der Molli-Werkstatt in Bad Doberan ein, wo er mittels Hubbockanlage vom Tieflader gehoben und auf die Molli-Gleise gesetzt wurde. Nach einigen Probefahrten startete am 21. September die offizielle Eröffnungsfahrt mit geladenen Gästen. Ab dem 22. September fanden dann jeden Tag bis zu vier Fahrtenumläufe ab dem Bahnhof Kühlungsborn West statt. Bereits im Vorfeld waren viele Fahrten ausverkauft, weshalb der eigentlich bis 1. Oktober geplante Besuch nochmal um zwei Tage verlängert wurde. Somit gab der T1 der Borkumer Kleinbahn bis zum 3. Oktober 2023 sein erfolgreiches Gastpiel auf den Molli-Gleisen: Mehr als 1000 Fahrkarten wurden für den Triebwagen verkauft, der insgesamt 41 Zugumläufe zwischen Kühlungsborn und Bad Doberan fuhr. Am 4. Oktober begann der Rücktransport auf die Nordseeinsel.

Reiseplan des Triebwagen T1	
15.9. 2023	Transport des T1 von Borkum nach Wismar
16. & 17.9.2023	Besuch des T1 zum Tag der Schiene im Lokschuppen Wismar
18.9. - 20.9. 2023	Transport nach Bad Doberan und erste Testfahrten
21.9. 2023	Offizielle Eröffnungsfahrt beim Molli mit geladenen Gästen
22.9. - 3.10. 2023	Öffentliche Fahrten mit dem T1 im Schienennetz des Molli
23.9. 2023	Bahnhofsfest am Bahnhof Kühlungsborn West, 5-Zug-Betrieb mit öffentlichen Fahrten im 100-jährigen Zug und im T1
4.10. 2023	Rücktransport nach Borkum

Technische Daten der Dampflok Borkum III	
Bauart:	Bh2t
(zweiachsige Heißdampflokomotive mit zwei gekuppelten Achsen; vor Wiederinbetriebnahme Bn2t)	
Hersteller:	Orenstein & Koppel (firmierend als Maschinenbau und Bahnbedarf AG, Werk Babelsberg) Fabriknummer: 13571
Baujahr:	1940
Inbetriebnahme:	1.3.1941
Spurweite:	900 mm
Länge über Puffer:	7000 mm
Breite:	2300 mm
Höhe:	3250 mm
Dienstgewicht:	17,5 t
Radstand:	1800 mm
Raddurchmesser:	800 mm
Höchstzulässige Geschwindigkeit:	30 km/h Kesselbetriebsdruck: 12 bar
Dampfleistung:	22 t/h
Kesselprüfdruck:	21 bar
Heizfläche:	26,5 m² (vormals 32,83 m²)
Anzahl der Heiz- und Rauchrohre:	79 (vormals 108)
Kesselinhalt:	1750 Liter
Zylinderdurchmesser:	290 mm
Kolbenhub:	400 mm
Schieberkasten:	Kolbenschieber, jetzt Bauart Trofimoff
Äußere Steuerung:	Bauart Heusinger
Wasserkasten:	innenliegend 1650 Liter
Brennstoffkasten:	2 x 225 Liter leichtes Heizöl (vorher 475 Liter Kohlenkästen)
Bremse:	mechanische Wurfhebelbremse
Sicherheitsventile:	Bauart Gestra
Dampfpfeife:	Messing, massiv nach Schweizer Vorbild Wasserstandsanzeigen: 2 Stück Bauart Klinger
Stromerzeugung:	1,2 kW Turbogenerator
Abnahmetermin der Hauptuntersuchung:	27.2.1997
Farbgebung:	Feuerrot RAL 3000; Kobaltblau RAL 5013; Tiefschwarz RAL 9005

Die heutige »Borkum« wurde bei Orenstein & Koppel gebaut und im Dampflokwerk Meiningen mit allerlei wertvollen Zutaten wie Ölhauptfeuerung und Dampfzerstäuber in einen modernen Stand versetzt. Zwei Plaketten an der Lokomotive dokumentieren das (2012).

Literaturverzeichnis:

1 Petersen, Marcus, Die Halligen, Karl Wachholtz Verlag, Neumünster 1981

2 Kuttig, Siegfried; Heller, Silke, Nordsee, Reich Verlag, Luzern 2006

3 Kleinewefers, Gerd Pioniere des Verkehrs, Frankfurt/Main o. J.

4 Wettstein, Paul, Willkommen! Illustriere Unterhaltungsbibliothek, Band XIV, Berlin, Leipzig o. J. (etwa 1895)

5 Internet-Wikipedia, mehrere Auftritte

6 Abschied von der Schiene, Stuttgart 1993

7 Rogl, Hans-Wolfgang, Nordsee-Inselbahnen, alba, Düsseldorf 1996

8 Schleswig-Holstein, GeraMond Verlag GmbH, München 2007

9 Heinz-H. Schöning, Von Niebüll zum Wattenmeer, Aachen 1986

10 Zeunerts Schmalspurbahnen, mehrere Hefte

Zeitschriften:

Bahn-Report, 5/2006, 4/2007

Modell Eisen Bahner, Stuttgart 9/1993

Eisenbahn Kurier Freiburg /Br., 3/1995, 6/1998

Lok Report, 10/1992, 6/1995

Die Museums-Eisenbahn, 1/1995

LokMagazin München, 11/2011

Preß´-Kurier, Heft 170, 10-11/2019

WEITERE INTERESSANTE BÜCHER ZUM THEMA

Die Eisenbahnen in und um Deutschlands nördlichstes Mittelgebirge haben weitaus mehr zu bieten als die spektakuläre Dampffahrt auf den 1141,2 m hohen Brockengipfel: Dirk Endisch präsentiert Geschichte, Strecken und Fahrzeuge rund um die zahlreichen Eisenbahnstrecken im Harz.
208 Seiten, 200 Abb., 210 x 242 mm
ISBN 978-3-613-71615-5
€ 29,90 | € (A) 30,80

Von den 20er-Jahren bis heute: Was immer der Eisenbahnliebhaber wissen will, in dieser Enzyklopädie wird er fündig. Nicht nur die wichtigsten technischen Daten, sondern auch, warum eine Baureihe entwickelt wurde und welchem Zweck sie dienen sollte. Illustriert wird das Ganze mit Bildern aus längst vergangenen Epochen.
304 Seiten, 570 Abb., 240 x 290 mm
ISBN 978-3-613-71690-2
€ 49,90 | € (A) 51,90

Hohe Geschwindigkeiten faszinieren die Menschen. Das gilt auch für die Eisenbahn, die seit ihrem Anbeginn das Leben der Menschen erheblich beschleunigte. In diesem Band beschreibt Thomas Estler die schnellsten (Rekord-)Loks von den Anfängen der Eisenbahn bis heute.
160 Seiten, 187 Abb., 240 x 220 mm
ISBN 978-3-613-71689-6
€ 24,90 | € (A) 25,60

Dieser Band von Michael Seiler enthält allerlei nützliches und überflüssiges Wissen rund um das Thema Eisenbahn. Dazu zählen auch Fun-Facts sowie Listen und Statistiken zu bekannten und überraschenden Infos aus der Eisenbahnwelt.
160 Seiten, 100 Abb., 140 x 205 mm
ISBN 978-3-613-71686-5
€ 19,95 | € (A) 20,60

Leseproben zu allen Titeln auf unserer Internetseite

Stand März 2024
Änderungen in Preis und Lieferfähigkeit vorbehalten.

Überall, wo es Bücher gibt, oder unter
WWW.MOTORBUCH-VERSAND.DE
Service-Hotline: 0711 / 78 99 21 51

trans press

www.facebook.com/MotorbuchVerlag